AF550191

Ansicht von Osten, 1632

München gestern und heute

Am Ort der heutigen Landeshauptstadt Bayerns verlief vor mehr als 850 Jahren die Salzstraße, die von Reichenhall über Landsberg am Lech bis zum Bodensee in die Schweiz führte. Auf dem sogenannten Hallweg wurde das wichtige Handelsgut Salz transportiert. Wo er auf dem Schotterfeld der Isar den Verbindungspfad zwischen den beiden Dörfern Schwabing und Sendling kreuzte, liegt heute der Marienplatz. Damals entstand ein kleiner Marktort, 1158 als »Munichen« urkundlich erwähnt. Der Name geht zurück auf Mönche, die am Petersbergl siedelten: »apud munichen« – bei den Mönchen – wurde zu »München«. Das älteste Stadtsiegel zeigt den Kopf eines Mönches mit übergestülpter Zipfelkapuze, der später als Kind missdeutet und zum »Münchner Kindl« wurde. Heinrich der Löwe aus dem Geschlecht der Welfen, Herzog von Sachsen und Bayern, führte mit einem Husarenstück die **Gründung** Münchens herbei. Allerdings erfreute er sich nur kurze Zeit an Bayern, denn der welfische Hitzkopf fiel in Ungnade. Ab 1180 regierte Otto I. von Wittelsbach das Herzogtum. Von nun an herrschten die **Wittelsbacher** in München – 738 Jahre lang bis zum Ende der Monarchie 1918. Im Jahr 1255 wurde München

Gründung
Nachdem Heinrich der Löwe 1156 von Kaiser Friedrich Barbarossa Bayern erhalten hatte, baute er auf Höhe der heutigen Ludwigsbrücke eine Überquerung der Isar. Die Zolleinnahmen versprachen ein gutes Geschäft. Gleichzeitig ließ er die Isarbrücke bei Föhring zerstören, wo der Bischof Otto von Freising den Zoll kassierte. Kaiser Barbarossa sprach am 14. Juni 1158 die Markt-, Zoll- und Münzrechte des Marktortes »Munichen« seinem Vetter Heinrich zu, der einen Teil vom Brückenzoll ans Bistum abgeben musste. Das Datum gilt als Gründungstag von München.

Ansicht von Osten, um 1816

Die **Wittelsbacher** sind eines der ältesten deutschen Adelsgeschlechter, benannt nach ihrem Stammsitz im 12. Jahrhundert, der Burg Wittelsbach. Aus ihm gingen über Jahrhunderte die Herzöge, Kurfürsten und Könige von Bayern hervor. Ludwig IV. und Karl VII. wurden Kaiser des Heiligen Römischen Reiches deutscher Nation (1328 und 1742). Zur Dynastie gehörten zeitweise u. a. auch das Kurfürstentum Köln, die Herzogtümer Jülich-Berg und Bremen-Verden, das Hochstift Lüttich, die Mark Brandenburg, die Grafschaft Tirol, die Könige von Ungarn, Schweden, Dänemark, Norwegen und Griechenland.

ihre Residenzstadt. Ludwig IV., bekannt als Ludwig der Bayer, machte sie zur königlichen Residenz, als er 1314 deutscher König wurde, und brachte ihr von 1328 bis 1347 als römisch-deutscher Kaiser sogar die Kaiserkrone ein. Mit zunehmender Bedeutung wuchs die Stadt.

Die Ringmauer aus dem 12. Jahrhundert war bereits Anfang des 13. Jahrhunderts bei einer ersten Stadterweiterung erneuert worden. Ab 1285 folgte eine Erweiterung mit dem Bau einer zweiten Stadtbefestigung. Der 4000 Meter lange, acht bis zehn Meter hohe Mauerring wurde mit der Fertigstellung des Isartors 1337 vollendet. Er umschloss 91 Hektar und besaß vier Haupttore: Schwabinger Tor im Norden, Isartor im Osten, Sendlinger Tor im Süden, Neuhauser Tor (ab 1791 Karlstor) im Westen. Im 15. Jahrhundert erhielt die Anlage zu Verteidigungszwecken eine parallel verlaufende Zwingermauer und im 17. Jahrhundert einen Festungsgürtel mit Bastionen. Als Ende des 18. Jahrhundert Münchens Eigenschaft als Festung entfiel, wurde die Stadtbefestigung im Laufe der Zeit abgetragen.

München erlebte wirtschaftliche Prosperität, aber auch Kriege, Judenpogrome, Pest und Bürgerunruhen. Mitte des 16. Jahrhunderts wurde München ein Zentrum der Gegenreformation. Wilhelm IV. und Albrecht V.

verfolgten die Anhänger Martin Luthers und riefen die Jesuiten zur Verteidigung des katholischen Glaubens in die Stadt. Unter Herzog Maximilian I. von Bayern (Regierungszeit 1597–1651) stieg Bayern zum Kurfürstentum auf, München gewann Bedeutung als kurfürstliche Residenz. Gleichzeitig zogen im Dreißigjährigen Krieg schwedische Truppen durch München. Nur knapp entging die Stadt 1632 der Zerstörung. Zwei Jahre später starben 7000 Bewohner an der Pest. Die Erholung nach Kriegsende 1648 brachte den italienischen Barock mit Schloss Nymphenburg und Theatinerkirche sowie den Absolutismus nach München. Als sich Kurfürst Max Emanuel im Spanischen Erbfolgekrieg (1701–1714) dem französischen König anschloss und sich gegen das habsburgische Kaiserhaus in Wien stellte, besetzten die Österreicher 1705–1714 Bayern. Auch der Streit Karl Albrechts um die Kaiserkrone der Habsburger ging schlecht aus. Zwar wurde er 1742 schließlich zum Kaiser Karl VII. ausgerufen, aber Österreichs Truppen standen 1742/1744 wieder in München. Der Kaiser starb 1745. Seine Nachfolger, der vielgeliebte Kurfürst Maximilian III. Joseph sowie der ungeliebte Karl Theodor aus der pfälzischen Seitenlinie der Wittelsbacher, widmeten sich lieber inneren Reformen.

Enthüllung des Denkmals auf dem Max-Joseph-Platz am 13.10.1835

Marienplatz, um 1905

Thomas Mann
1875–1955, Schriftsteller und Nobelpreisträger. Er zog 1894 zur Mutter nach München und begann u. a. 1898 in der Redaktion des »Simplicissimus«. 1901 erschien sein erster Roman »Buddenbrooks«. Nach der Heirat mit Katia Pringsheim 1905 bewohnte die Familie ab 1914 eine Villa im Münchner Stadtteil Herzogpark. Nach aktiver Beteiligung am Kulturbetrieb Münchens in den 1920er Jahren wurde Mann zu einem der wichtigsten prominenten Gegner des Nationalsozialismus. 1933 kehrte er von einer Reise nicht zurück, ging mit der Familie ins Exil in die USA und 1952 in die Schweiz.

1806 erhob Kaiser Napoleon Bonaparte das Kurfürstentum (einschließlich weiter Teile Frankens, Schwabens und der Rheinpfalz) zum Königreich Bayern. Kurfürst Max IV. Joseph wurde zu König Max I. Joseph von Bayern, München zur königlichen Residenzstadt. Eine Stadterweiterung mit ungeahntem Wachstum begann. Die Regenten Max I. Joseph und vornehmlich sein Sohn Ludwig I. beförderten mit Leidenschaft die Baukunst, entwickelten planvoll die Maxvorstadt und ein klassizistisches Stadtbild. München wurde zu einer der führenden Kunststädte Europas. Um auch die Wissenschaft zu etablieren, holte Ludwig 1826 die im Jahr 1472 von Ludwig dem Reichen in Ingolstadt gestiftete, seit 1800 in Landshut ansässige Universität nach München. Unter Ludwig II. (Reg. 1864–1886) kam das Musikleben mit Richard Wagner zur Blüte. Und die Regierungszeit von Prinzregent Luitpold von 1886 bis 1912 bescherte München einen wirtschaftlichen und kulturellen Aufschwung, zunehmend getragen vom aufstrebenden Bürgertum.

Um 1900 begründeten junge Künstler und Literaten der Schwabinger Boheme neue Formen und Ideen. In den Kneipen der Stadtviertel Schwabing und Maxvorstadt verkehrten Maler wie Ernst Ludwig Kirchner und die Gruppe des Blauen Reiter um Wassily Kandinsky,

Gabriele Münter, Franz Marc und Paul Klee, trafen sich Schriftsteller wie **Thomas Mann**, Heinrich Mann, Rainer Maria Rilke, Frank Wedekind, Joachim Ringelnatz, Erich Mühsam und Stefan George. Die Kneipe »Alter Simpl« in der Türkenstraße 57 war Treffpunkt der Begründer des Satireblattes »Simplicissimus«.

Die Novemberrevolution 1918 schaffte die Monarchie ab, der bayerische Freistaat entstand. Der erste Ministerpräsident der bayerischen Republik, der USPD-Politiker **Kurt Eisner**, wurde am 21. Februar 1919, auf dem Weg zur konstituierenden Sitzung des Landtags, Opfer eines Mordanschlages. Die am 7. April 1919 ausgerufene **Münchner Räterepublik** fand nach nur vier Wochen ein blutiges Ende. In Bayern kamen reaktionäre Kräfte ans Ruder. Gustav Ritter von Kahr, Ministerpräsident ab 1920, erklärte Bayern zur konservativ-nationalistischen »Ordnungszelle«, in der die Keimzellen des Nationalsozialismus entstanden. Am 8./9. November 1923 setzte ein missglückter Militärputsch der NSDAP unter Adolf Hitler und Erich Ludendorff bereits deutliche Zeichen. 1933 wurde München schließlich zur »Hauptstadt der Bewegung« und »Führerstadt«. Die NSDAP und Hitler drückten München ihren Stempel auf. Wichtige Parteiinstitutionen erhielten zentrale Standorte, Parteiviertel und pompöse Bauten ent-

Kurt Eisner
1867–1919, Politiker, Journalist, Schriftsteller jüdischer Herkunft. Er studierte in Berlin Philosophie und Germanistik, arbeitete als Redakteur des SPD-Zentralorgans »Vorwärts«, Chefredakteur der »Fränkischen Tagespost« in Nürnberg, Feuilletonist und Schriftsteller in München. Ab 1915 gehörte er zum Antikriegsflügel der SPD (Abspaltung zur USPD 1917). Eisner, USPD-Mitgründer in Bayern, rief am 8. November 1918 in München den Freistaat Bayern aus. Nach rund 100 Tagen als Ministerpräsident wurde er von Anton Graf von Arco auf Valley erschossen.

Synagoge und Künstlerhaus, 1910

Münchner Räterepublik
Die im Ergebnis der Novemberrevolution 1918 überall in Deutschland gebildeten Arbeiter- und Soldatenräte wurden von nationalkonservativen Kräften blutig niedergeschlagen. Die Münchner Räterepublik musste sich gegen paramilitärische Freikorpsverbände wehren, wenig später auch gegen Reichswehreinheiten. Am 2./3. Mai 1919 unterlag die Räterepublik der militärischen Übermacht. Rund 2000 tatsächliche oder vermeintliche Anhänger wurden grausam ermordet, zum Tode verurteilt oder erhielten Haftstrafen. München wurde zur Hochburg radikaler Rechter.

standen. Ein Attentat auf Hitler am 8. November 1939 im Münchner Bürgerbräukeller scheiterte knapp. Im Zweiten Weltkrieg erlebte München 73 Luftangriffe. Als am 30. April 1945 amerikanische Truppen einmarschierten, waren die historische Altstadt zu 90 Prozent, die gesamte Stadt zu 50 Prozent zerstört. Mehr als 6000 Menschen hatten den Tod gefunden.

Der Wiederaufbau nach 1945 orientierte sich weitgehend am historischen Vorbild. Thomas Wimmer, der populäre SPD-Oberbürgermeister von 1948 bis 1960, wurde zur Triebkraft der Nachkriegszeit. Mit »Rama dama« rief er zum organisierten Trümmerräumen auf und wehrte erfolgreich den Bau einer mehrspurigen Autostraße durch das Stadtzentrum ab. München wurde Standort von renommierten Kultureinrichtungen, Konzernen und High-Tech-Unternehmen, Versicherungen, Banken, Medien, Wissenschaft und Forschung.

1972 bescherten die XX. Olympischen Spiele der Stadt, überschattet vom Terroranschlag auf israelische Sportler, einen weitreichenden Aufschwung. Der damals entstandene Olympiapark ist heute mit 850 000 Quadratmetern ein attraktiver Ort für Sport und Freizeit, Events, Konzerte und viele andere Veranstaltungen. 2024 wurde der Antrag für seine Aufnahme in das UNESCO-Weltkul-

Aufmarsch der NSDAP auf dem Königsplatz, 9.11.1936

Olympiapark, 2014

turerbe gestellt. Das für die Olympischen Spiele massiv ausgebaute U- und S-Bahn-Netz gilt als eines des besten der Bundesrepublik, und die in der Innenstadt durchgesetzten Fußgängerzonen wurden Vorbild für andere Metropolen. 1992 öffnete der neue Großflughafen, es folgten u. a. 1998 die Neue Messe, 2005 die Allianz Arena, 2007 die futuristische BMW-Welt.

Im Jahr 2010 feierten die Münchner das 200-jährige Jubiläum ihres Oktoberfestes auf der Theresienwiese. Es geht zurück auf ein Fest zur Hochzeit von Kronprinz Ludwig von Bayern (ab 1825 König) und Prinzessin Therese am 12. Oktober 1810. Seitdem findet von Mitte September bis Anfang Oktober »d'Wiesn« statt, das mit rund sechs Millionen Besuchern als größtes Volksfest der Welt gilt. Zugelassen zum Bierausschank sind ausschließlich die Münchner Brauereien. Sie brauen das spezielle **Münchner Bier** nach dem Münchner Reinheitsgebot von 1487.

Als Landeshauptstadt des Freistaates Bayern ist München Sitz des Bayerischen Landtages und der Staatsregierung. Die fast 1,6 Millionen Einwohner machen München zur bevölkerungsreichsten Stadt Bayerns. Heute erlebt man in München Tradition und Moderne gleichermaßen, bierselige Gemütlichkeit und internationales Flair, Kunst von Weltrang und Beinebaumeln an der Isar.

Münchner Bier
Nur die Münchner Brauereien (Augustiner, Hacker-Pschorr, Hofbräu, Löwenbräu, Paulaner und Spatenbräu) dürfen die eingetragene Marke »Münchner Bier« herstellen. Es wird nach alter überlieferter Rezeptur aus natürlichen Rohstoffen – reinem Wasser aus eigenen Tiefbrunnen, bestem Malz, Hefe und ausgewähltem Hopfen – gebraut. Die Azubis der Münchner Brauereien geben nach Abschluss ihrer Lehre eine Ehrverpflichtung, den »Preu-Aid«, ab, diese Tradition zu achten. So bleibt die Qualität des Münchner Bieres, das Weltruf genießt, auch zukünftig ungetrübt.

GALERIA

1. Spaziergang

1 | Marienplatz

Der zentral gelegene, weiträumige Platz bildet die urbane Mitte der Landeshauptstadt. Er ist Treffpunkt, Veranstaltungsort, Touristenmagnet, 100 Meter lang und 50 Meter breit. Hier kreuzen sich die innerstädtischen Hauptachsen Ost-West zwischen Isar- und Karlstor sowie Nord-Süd zwischen Odeonsplatz (früher Schwabinger Tor) und Sendlinger Tor. Mitte des 12. Jahrhunderts wurde dieser Schnittpunkt zum Marktplatz und Mittelpunkt der Stadt. Man handelte Eier, Wein, Fisch, vor allem Getreide. Erst seit 1854, nach dem Umzug des Getreidemarktes, heißt er Marienplatz.

Die **Mariensäule** steht bereits seit 1638 in seiner Mitte. Kurfürst Maximilian I. ließ sie als Dank für die Verschonung Münchens durch die Schweden im Dreißigjährigen Krieg errichten. Die vergoldete, bronzene Marienstatue (Hubert Gerhart, um 1593) auf dem elf Meter hohen Denkmal stellt die Schutzpatronin Bayerns, die Patrona Bavariae, dar. Am Sockel bekämpfen vier bronzene Putti die alten Plagen: Ketzerei (Schlange), Krieg (Löwe), Hunger (Drache) und Pest (Basilisk). Die Säule gilt als Mittelpunkt Bayerns und ist metrischer Nullpunkt für Entfernungsangaben an den Straßen nach München.

Ein beliebter Treffpunkt ist der **Fischbrunnen** an der Nordostecke, wo sich schon im 15. Jahrhundert ein Frischwasserbrunnen befand, aus dem die Händler lebende Fische verkauften. Heute erinnern bronzene Metzgerburschen an den traditionellen Metzgersprung. 1517 waren erstmals Metzgerburschen in den Fischbrunnen gesprungen, bevor sie sich dem Zunfttanz der Schäffler (Fassmacher), dem Schäfflertanz, anschlossen. Damit zeigten sie, dass das Brunnenwasser sauber und die Pest besiegt war. Das ausgelassene Treiben wurde zur Tradition der Metzgergesellen nach bestandener Lehre und schließlich zum Volksbrauch. Am Aschermittwoch findet bis heute das rituelle Geldbeutelwaschen statt. Diese Tradition gibt es wahrscheinlich bereits seit 1426. Nach dem Waschen des Geldbeutels im Fischbrunnen geht das Geld nicht mehr aus, wird behauptet…

Oben: Fischbrunnen
Links: Mariensäule

2 | Neues Rathaus

Tourist Information Mo–Fr 10–18 Uhr, Sa 9–17 Uhr, So 10–14 Uhr, Tel. 089 23 39 65 00
Rathaus-Führung Fr 18 Uhr, Sa 11.30/15.30/17 Uhr, So 11.30/13.30 Uhr, **Turmaufstieg** 10–20 Uhr,
Glockenspiel 11/12 Uhr, März–Okt. auch 17 Uhr

Den Marienplatz dominiert das alles überragende Neue Rathaus – mit einer pompösen, 98,5 Meter langen Hauptfassade und einem prächtigen Turm. Es entstand 1867 bis 1909, erscheint jedoch wesentlich älter. Die neogotische Gestaltung von **Georg von Hauberrisser** sollte an die Blüte des Bürgertums zur Zeit der Gotik erinnern – als Gegengewicht zu den königlichen Bauten. Seit der Fertigstellung ist das Neue Rathaus Sitz von Oberbürgermeister, Stadtrat und Stadtverwaltung. An der reich verzierten Fassade zum Marienplatz fallen zahlreiche Fürstenfiguren auf: von Welfenherzog und Stadtgründer Heinrich dem Löwen bis zu Prinzregent Luitpold und der fast kompletten Reihe der Wittelsbacher Herrscher in Bayern. Der Rathausturm ragt 85 Meter in die Höhe. Seine Aussichtsplattform, die mit Aufzügen zu erreichen ist, bietet einen wundervollen Blick über die Münchner Altstadt, bei schönem Wetter bis zu den Alpen.

Von unten ist das Glockenspiel im Turmaufsatz zu bewundern: Beim Erklingen spielen 32 bewegliche Figuren zwei Ereignisse der Stadtgeschichte: Oben ein Ritterturnier zur Feier der Hochzeit von Herzog Wilhelm V. mit Renata von Lothringen 1568, bei dem der bayerische Ritter den Lothringer besiegt. Darunter tanzen die Fassmacher nach einer überstandenen Pest den Schäfflertanz. Die 43 Glocken des Spielwerks befinden sich im Turmhelm. Die kleinste wiegt 10 Kilogramm, die größte 1300. Lautstark gejubelt wird auf dem Marienplatz, wenn vom legendären Rathausbalkon die Fußballer des FC Bayern nach einem Titelgewinn ihren Fans zuwinken.

Auch die Innenräume des Rathauses zeigen Sehenswertes: Die juristische Bibliothek (zehn Meter hoch) mit vergoldeten Wendeltreppen und Jugendstil steht allen Bürgern zur Verfügung. Die prächtigen Flure und Treppenhäuser, Galerien, Sitzungssäle, Amtszimmer können bei Führungen besichtigt werden.

Glockenspiel am Rathausturm

Georg von Hauberrisser
1841–1922, Architekt. Geboren in Graz/Österreich, zog er 1862 nach München und studierte Architektur, später auch in Berlin und Wien, wo er im Sinne der Neogotik beeinflusst wurde. 1866 ließ er sich in München nieder. Das Neue Rathaus wurde sein bedeutendstes Werk. Weitere Rathausbauten entstanden in Kaufbeuren, Wiesbaden, St. Johann (heute Saarbrücken). Zu seinen neogotischen Kirchenbauten gehört St. Paul in München. 1874 wurde Hauberrisser Ehrenmitglied und 1876 Professor der Kunstakademie München, 1901 Ritter im Adelsstand. Sein Grab befindet sich auf dem Alten Südfriedhof nahe des Sendlinger Tores.

3 | Altes Rathaus

Spielzeugmuseum 10–17.30 Uhr

Das sehr viel ältere, kleinere Alte Rathaus an der Ostseite des Marienplatzes dient heute dem Stadtrat und dem Oberbürgermeister zur Repräsentation. Es blickt auf eine lange Geschichte zurück. 1310 wurde erstmals ein Rathaus am damaligen Stadtmauerring urkundlich erwähnt. Nach Zerstörung durch Brand ließ Dombaumeister Jörg von Halspach (auch genannt Jörg Ganghofer) 1470–1475 an gleicher Stelle ein neues spätgotisches Rathaus errichten. Mehrfach wurde es im Stil von Barock, Renaissance, Historismus umgestaltet und im Zweiten Weltkrieg stark beschädigt. Der Wiederaufbau bis in die 1970er Jahre orientierte sich am gotischen Original.

»Bezaubernde Julia«

Die schlichten Fassaden sind geschmückt mit den zwei erhalten gebliebenen Herrscherstatuen von Heinrich dem Löwen (Ostseite) und Ludwig dem Bayern (Westseite) sowie historischen Wappen, unter anderem dem ältesten Münchener Stadtwappen (Ostseite links), entnommen aus einem Stadtsiegel von 1284. Der spätgotische Fest- und Tanzsaal im ersten Stock gehört zu den Glanzstücken der Münchener Gotik. Das Tonnengewölbe von

1476 zeigt Wappen des Hauses Wittelsbach und die berühmten Moriskentänzer, geschaffen im 15. Jahrhundert von **Erasmus Grasser** (Originale im Stadtmuseum). Der 56 Meter hohe Rathausturm – wiedererrichtet 1971/74 – beherbergt ein sehenswertes kleines Spielzeugmuseum mit historischen Spielsachen aus vier Jahrhunderten.

Gleich nebenan bezaubert die schöne Julia aus Shakespeares Liebesdrama »Romeo und Julia«. München erhielt die Kopie der Statue von Nereo Constantini (1905–1969) in Verona von der italienischen Partnerstadt. Eine unsittliche Berührung der rechten Brust oder (viel besser) ein Blumenstrauß sollen Glück in der Liebe bringen, heißt es.

Erasmus Grasser
Um 1450–1518, Bildhauer und Baumeister. Grasser kam 1472 nach München und wurde 1480 Vorsteher der Malerzunft, der auch die Schnitzer angehörten. Neben der Meisterschaft als Bildhauer besaß er auch technisches Können als Baumeister. Zu seinen berühmtesten Münchener Schnitzwerken gehören die Moriskentänzer (darunter der Hochzeiterer) von 1480 im Alten Rathaus, Figuren des gotischen Chorgestühls (um 1500) in der Frauenkirche und die Figur des Apostelfürsten Petrus am Hochaltar in der Peterskirche, die durch außerordentlich präzise Ausarbeitung bis ins kleinste Detail beeindruckt.

4 | Heilig-Geist-Kirche

Das Gotteshaus – 1250 als Kapelle erstmals erwähnt – wurde 1271 zur Kirche des Heilig-Geist-Spitals für Arme und Kranke an der damaligen Stadtmauer. Nach der Zerstörung beim großen Stadtbrand von 1327 entstand sie als Spitalkirche bis 1392 neu: die erste und damit älteste Hallenkirche Münchens. Der spätgotische Bau wurde im 18. Jahrhundert barockisiert, später mehrmals erweitert. Im Innenraum beeindrucken der Hochaltar (1728/30)

mit dem Altarbild »Ausgießung des Heiligen Geistes« von 1644, der Marienaltar mit der Hammerthaler Muttergottes (Holzfigur aus dem 15. Jahrhundert) sowie der Dreifaltigkeitsaltar mit der Figurengruppe »Krönung Mariens«. Einen Höhepunkt der Kirchenmalerei bilden die rekonstruierten Deckenfresken im Mittelschiff, geschaffen 1724–1730 von Cosmas Damian Asam. Sie zeigen neben Heerscharen von Engeln auch Szenen der Spitalgründung, den Münchner **Breznreiter** mit seinem Schimmel und König David mit der Harfe.

Nach Verlassen der Kirche grüßt schon der Trubel des Viktualienmarktes. Schlendert man zunächst rechter Hand an der sogenannten »Metzgerzeile« vorbei, gelangt man zum Petersbergl.

Breznreiter
Die historische Figur aus der Münchner Stadtgeschichte geht zurück auf die Wohltätigkeit des reichen Kaufmanns Burkhard Wadler und seiner Frau Heilwig. Sie stifteten 1318 die »Wadlerspende«. Damit wurden die Armen im Spital einmal pro Woche zusätzlich gespeist. Außerdem zog einmal im Jahr ein Reiter um Mitternacht auf seinem Schimmel durch München, um die Bürger zur Ausgabe von 3000 Brezn im Heilig-Geist-Spital zu rufen. Den Breznreiter gab es fast 500 Jahre lang. Erst 1802 wurde er abgeschafft und geriet in Vergessenheit. In jüngster Zeit lebte er bei sozialen Spendenaktionen wieder auf.

5 | St. Peter

Turmaufstieg Apr.–Okt. 9–19.30 Uhr;
Nov.–März: Mo–Fr 9–18.30 Uhr, Sa/So 9–19.30 Uhr

Der Petersberg, von den Münchnern Petersbergl genannt, ist die einzige Anhöhe der Altstadt. Einer Legende nach sollen sich hier Anfang des 10. Jahrhunderts Mönche auf der Flucht vor den Hunnen in Höhlen angesiedelt und den Ort »apud munichen« begründet haben. St. Peter ist die älteste Pfarrkirche Münchens. Mit ihrem 91 Meter hohen Turm, dem »Alten Peter«, gehört sie zu den markanten Wahrzeichen der Stadt. Bereits im 12. Jahrhundert, noch vor der Stadtgründung, gab es hier eine romanische Basilika, 1225/26 erstmals als Peterskirche urkundlich erwähnt. Ab 1278 entstand eine größere Basilika, die beim Stadtbrand von 1327 starke Schäden erlitt. Ihre Wiederherstellung führte zu einer erweiterten gotischen Kirche. Sie erhielt einen massiven Turm, wurde im 17./18. Jahrhundert barockisiert und mehrfach umgestaltet. Nach Zerstörung im Zweiten Weltkrieg und dem mühevollen Wiederaufbau zeigt sich St. Peter erst seit dem Jahr 2000 vollständig rekonstruiert in alter Schönheit. Weithin sichtbar leuchten die acht Zifferblätter der ältesten Turmuhr und läuten die ältesten Glocken Münchens. Vier von insgesamt acht Glocken wurden zwischen 1327 und 1720 gegossen. Über dem Glockenge-

ZONE
ZONE

schoss, in 56 Metern Höhe, wo bis 1901 ein Turmwächter wohnte, umringt eine Aussichtsgalerie den Turm. Der wundervolle Blick in alle Himmelsrichtungen ist allerdings nur zu Fuß über 306 Stufen zu erreichen.

Im Innenraum beeindruckt der imposante barocke Hochaltar. Er entstand 1730/34 nach Plänen von Nikolaus Gottfried Stuber. In der Mitte sitzt der Hl. Petrus, ein großartiges, überlebensgroßes, spätgotisches Schnitzwerk von Erasmus Grasser (um 1500). Vier große barocke Holzfiguren zu seinen Füßen, 1732/33 von Egid Quirin Asam gefertigt, stellen Kirchenlehrer dar. Neben weiteren zahlreichen Kunstschätzen versetzt auch ein Kuriosum die Besucher immer wieder in Erstaunen: die reich geschmückten Gebeine der römischen Märtyrin Munditia aus der Zeit um 250 in einem gläsernen Sarg im nördlichen Seitenschiff.

Hochaltar

6 | Viktualienmarkt

Mo–Sa 8–20 Uhr

Das Petersbergl hinab führt der Weg direkt ins Getümmel des größten Frischemarktes Münchens. 1807 wurde der Stadtmarkt vom heutigen Marienplatz auf das jetzige Gelände verlegt und bis 1890 zur gegenwärtigen Ausdehnung erweitert. Im Laufe des 19. Jahrhunderts erhielt er die Bezeichnung Viktualienmarkt (lat. victus bedeutet Nahrung). Er bietet an mehr als 100 festen Ständen Obst und Gemüse, Brot und Backwaren, Fleisch, Fisch, Käse, Blumen und Pflanzen, Delikatessen und Feinkost. Einen lustigen Plausch mit den Marktleuten gibt es in der »guten Stube von München« gratis dazu. Bistros, Cafés und kleine Restaurants locken mit Münchner Spezialitäten wie **Weißwurst**, Brezn und Kaiserschmarrn. Im gemütlichen Biergarten am großen Maibaum werden abwechselnd die Biere aller sechs Münchner Brauereien ausgeschenkt. Verstreut über den Markt erinnern mehrere Brunnen mit originellen Figuren an stadtbekannte Münchner Persönlichkeiten: den Komödianten Karl Valentin und seine Bühnenpartnerin Liesl Karlstadt, die Volksschauspielerinnen Ida Schumacher und Elise Aulinger, die Volkssänger Jakob Roider (Roider Jackl) und Weiß Ferdl. An der Südwestecke des Viktualienmarktes gelangt man zur 2005 wiederaufgebauten Schrannenhalle, einen ab 1851 errichteten Getreidemarkt, der 1912/27 demontiert wurde und heute Markthalle italienischer und bayerischer Feinkosthersteller ist. Weiter geht es über »Rosental« zu einem Platz ganz anderer Art.

Weißwurst

Diese Brühwurst aus Kalbfleisch (heute auch Schweinefleisch) wird traditionell vormittags mit süßem Senf, Brezn und Weißbier verzehrt. Der Legende nach wurde sie am Faschingssonntag des Jahres 1857 vom »Moser Sepp« im Gasthaus »Zum Ewigen Licht« am Marienplatz als »Notlösung« erfunden. Dem Wirtsmetzger waren die Schafsdärme für die Bratwürste ausgegangen. Er musste Schweinedärme nehmen, die allerdings zu zäh und zu groß für Bratwürste sind. Er füllte sie mit Wurstmasse und brühte sie in heißem Wasser, denn beim Braten konnten sie platzen. Der Versuch gelang. Die Münchner Weißwurst war entstanden.

Ruffinihaus

7 | Rindermarkt

In den Straßenzügen am Rindermarkt wurde seit dem Mittelalter Viehhandel betrieben. Später wohnten hier Adlige und Patrizier in ansehnlichen Palästen. Beim Wiederaufbau nach dem Zweiten Weltkrieg entstand der ruhige Platz mit Terrassen und sprudelnden Wasserbecken, ein beliebter Treffpunkt der Münchner. Bronzene Rinder erinnern an die einstige Bestimmung. An der Südostseite fällt ein Backsteingemäuer auf: der 23 Meter hohe Löwenturm. Sein Ursprung ist nicht geklärt. Die einen sehen ihn als Teil der Stadtbefestigung des 14. Jahrhunderts, andere als Wasserturm des 15./16. Jahrhunderts. Eine irrtümliche Zuordnung zum Stadtgründer Heinrich dem Löwen brachte ihm seinen Namen ein. Der Innenraum mit neogotischem Kreuzrippengewölbe und Fresken aus dem 15. Jahrhundert ist leider nicht zugänglich. Auf der anderen Seite des Platzes thront das bunt bemalte Ruffinihaus. Es besteht aus einer Gruppe von drei Häusern mit Innenhof, entworfen von Architekt Gabriel von Seidl, erbaut 1903/05. Der Name des Hauses geht auf den Salzkaufmann Johann Baptista von Ruffini (1672–1749) zurück. Bis 1808 stand hier der Ruffiniturm, Teil der ersten Stadtbefestigung.

Löwenturm

8 | Münchner Stadtmuseum

Wegen Generalsanierung geschlossen

Der Eingang an der Nordostseite des St.-Jakobs-Platzes verrät wenig über das wahre Ausmaß des 1888 gegründeten Museums. Tatsächlich umfasst es insgesamt vier Gebäude um zwei geräumige Innenhöfe. Am ältesten ist das historische Zeughaus von 1500 mit seiner Giebelseite zum Platz. Daneben entstanden in den 1950er Jahren der Trakt für die Sammlungen, 1977 der Nachbau des mittelalterlichen Marstalls. Angesichts der Ausdehnung und des Umfangs der Sammlungen gilt die Einrichtung als das größte kommunale Museum Deutschlands. Die Bereiche umfassen u. a. angewandte Kunst, Fotografie, Grafik / Gemälde, Musik, Mode / Textilien, Puppentheater / Schaustellerei, Reklamekunst, Stadtkultur sowie ein Filmmuseum mit Kino. Zu den berühmtesten Stücken gehören die Originale der zehn Moriskentänzer, die der Bildhauer Erasmus Grasser 1480 für den Ballsaal des Alten Rathauses schuf. Seit 2024 ist das Museum für mehrere Jahre wegen umfassender Generalsanierung mit inhaltlicher und baulicher Neukonzeption geschlossen. Filmmuseum, Kino und Stadtcafé bleiben bis Mitte 2027 in Betrieb.

Die Geschichte des St.-Jakobs-Platzes reicht bis ins 13. Jahrhundert zurück, als hier eine Jakobskapelle und ein Franziskanerkloster standen. Das spätere Kloster St. Jakob am Anger ist das älteste heute noch bestehende Kloster Münchens. Im Süden erhebt sich der gewaltige Backsteinbau des Angerklosters. Die zugehörige, 1955/57 errichtete Jakobskirche ist der einzige vollständige Kirchenneubau in der Altstadt. In dem Komplex unterhalten die Armen Schulschwestern Unserer Lieben Frau eine traditionsreiche Mädchenschule. Bis ins 19. Jahrhundert war der Platz ein beliebter Markt, nach dem Zweiten Weltkrieg jedoch jahrzehntelang ein unansehnlicher Lager- und Parkraum. Erst mit der Neugestaltung Anfang des 21. Jahrhunderts wurde er zum stimmungsvollen Ort.

9 | Jüdisches Zentrum

Jüdisches Museum München Di–So 10–18 Uhr
Synagoge Führungen Tel. 089 20 24 00 100

Am 9. November 2006 wurde am St.-Jakobs-Platz die Hauptsynagoge Ohel Jakob (Zelt Jakobs) eingeweiht. Gemeinsam mit dem Gemeindezentrum der Israelitischen Kultusgemeinde München und Oberbayern und dem städtischen Jüdischen Museum München bildet sie das neue Jüdische Zentrum. Damit kehrte die jüdische Gemeinde in die Mitte der Stadt zurück – 68 Jahre nach dem Abriss der Hauptsynagoge in der Herzog-Max-Straße (Abb. siehe S. 5). Diese war – 1887 von der seit Anfang des 19. Jahrhunderts gewachsenen Gemeinde geweiht – die drittgrößte Synagoge Deutschlands und eine der schönsten in Europa. Ab 1947 war die 1931 erbaute Synagoge in der Reichenbachstraße Münchens Hauptsynagoge.

Blickfang des modernen Ensembles am St.-Jakobs-Platz ist die eindrucksvolle Architektur der 28 Meter hohen **Synagoge**. Auf einem massiven Kalksteinsockel, der an die Klagemauer in Jerusalem erinnert, erhebt sich gleich einem Zelt ein filigraner Quader aus Glas und bronzefarbenen Metallschienen. Bei Tag fallen Sonnenstrahlen ins Innere, nachts dringt warmes Licht nach außen. Von der Synagoge führt ein unterirdischer, 32 Meter langer »Gang der Erinnerung« mit den Namen von mehr

Innenansicht der Synagoge

als 4500 in der NS-Zeit deportierten und ermordeten Juden zum neuen **Gemeindehaus**. Es ist Domizil der im Juli 1945 wiedergegründeten Gemeinde, die innerhalb eines Jahres auf 2800 Mitglieder wuchs und derzeit rund 9500 Angehörige zählt. Als ein Ort der Begegnung beherbergt das Gebäude u. a. Kindergarten, Schulen, Bibliothek, Restaurant und Veranstaltungsräume.

Zwischen Synagoge und Gemeindehaus erhebt sich das 2007 eröffnete **Jüdische Museum München**. Sein Kubus aus Travertin bildet eine architektonische Einheit mit den zwei Nachbargebäuden. Das Museum versteht sich als lebendiger Ort zur Vermittlung jüdischer Geschichte und Kultur, jüdischer Lebenswelten, Identitäten und Teilhabe, insbesondere in München. Auf spannende Weise lädt die Dauerausstellung mit Installationen, Objekten, Tonspuren, Fotos, Videos und einem Comicstrip zum Dialog ein. Dabei sind Lebensgeschichten jüdischer Menschen, die in den vergangenen 200 Jahren nach München kamen, zu hören. Orte und Bilder zeigen Momentaufnahmen vom Dasein jüdischer Münchnerinnen und Münchner. Kultgegenstände erzählen von religiösen Traditionen und Festen der Familien. Im Foyer laden die Literaturhandlung und das Museumscafé zum Verweilen ein.

Seit dem Mittelalter lebten **Juden in München**, 1229 erstmals erwähnt. 1442 wurden alle Juden vertrieben und kamen erst 300 Jahre später wieder in die Stadt. Die Regentschaft von König Max I. Joseph ab 1806 ermöglichte ihnen zunehmend ein geregeltes Leben, 1815 die Gründung einer Israelitischen Kultusgemeinde und 1824 den Bau einer Synagoge. 1871 wurden die jüdischen Bürger rechtlich gleichgestellt. Rund 11 000 Juden lebten 1910 in München. Mit einer Rede im Alten Rathaus läutete Joseph Goebbels am 9. November 1938 die Novemberpogrome ein.

10 | Asamkirche

Die Sendlinger Straße ist eine einladende Fußgängerzone mit kleinen Geschäften und Cafés. Sie verbindet den Marienplatz und das Sendlinger Tor, das südliche Stadttor aus dem 14. Jahrhundert, das als Teil der zweiten Stadtbefestigung zur Zeit Ludwig des Bayern entstand. Das erhalten gebliebene Tor trennt die Altstadt von der Isarvorstadt und grenzt an einen noch vorhandenen Rest der historischen Stadtmauer. Auf halber Höhe des Boulevards versteckt sich hinter der schmalen Fassade mit der Hausnummer 32 ein prächtiges Bauwerk des bayerischen Spätbarocks. Die **Brüder Asam** – Cosmas Damian und Egid Quirin – errichteten hier in den Jahren 1733 bis 1746 direkt neben ihrem Wohnhaus ihre private Kirche, geweiht dem Heiligen Nepomuk. Die Asamkirche, die als eines der Hauptwerke der beiden Asambrüder gilt, vereint auf einem Grundriss von nur 8 Metern Breite und 22 Metern Tiefe eine erstaunliche Vielfalt spätbarocken Prunks an der Schwelle zum Rokoko. Da die Asams ausschließlich auf eigene Rechnung bauten, mussten keine Wünsche externer Auftraggeber erfüllt, allerdings der Zugang der Öffentlichkeit zugesichert werden. So zeugt die Ausstattung nicht nur von Gottesfurcht, sondern auch von überquellendem Reichtum und zur Schau gestellter Kunstfertigkeit. Über dem wuchtigen Eingangsportal erhebt sich die Statue des Nepomuk, im Giebel ruhen die Tugenden Glaube, Liebe, Hoffnung. Den Innenraum bestimmt der prunkvolle Hochaltar, über dem Gottvater thront. Die beiden Brüder sind mit Porträts links und rechts hinter dem Altarbereich verewigt.

Das viergeschossige Asamhaus (Nr. 34) nebenan war das Wohnpalais der Brüder. Egid Quirin Asam gestaltete es 1733/34. Kurios ist ein Detail besonderer Raffinesse: der Durchblick vom Schlafzimmer in den benachbarten Kirchenraum. Fremden wird er nicht vergönnt, das Haus ist nur von außen zu besichtigen. Seine Fassade mit aufwendigen Stuckarbeiten und filigranen Malereien bildet mit der Kirche eine stimmige Einheit. Durch die Asamhofpassage gelangt man über Kreuz-, Damenstift- und Eisenmannstraße, vorbei am Geburtshaus von Richard Strauß, zur belebtesten Fußgängerzone Münchens.

Die beiden **Brüder Asam** gehören zu den wichtigsten Vertretern des deutschen Spätbarocks im 18. Jahrhundert: Cosmas Damian Asam (1686–1739, Maler, Baumeister) und Egid Quirin Asam (1692–1750, Bildhauer, Stuckateur). Als zwei von insgesamt neun Kindern des Kirchenmalers Hans Georg Asam erhielten sie ihre Ausbildung beim Vater und setzten nach dessen Tod 1711 sein Erbe bei der Gestaltung zahlreicher Schlösser und Kirchen fort. Berühmt ist ihre Freskierung und Stuckierung des Freisinger Doms 1723/24. Ab 1727 in München ansässig, gestalteten sie maßgeblich das Stadtbild mit.

11 | Neuhauser Straße/Kaufingerstraße

Der Straßenzug vom Marienplatz bis zum mittelalterlichen Karlstor am Karlsplatz war einst ein Abschnitt der historischen Salzstraße. Die Neuhauser Straße wurde erstmals 1293, die Kaufingerstraße 1316 (als Chufringerstraße) erwähnt. Seit 1972 bilden die vorher mit zwei Tramgleisen verkehrsreichen Straßen die erste und größte Fußgängerzone der Altstadt. Sie entstand mit dem Bau der S-Bahn-Stammstrecke (im Untergrund) anlässlich der Olympischen Spiele.

Zahlreiche Einzelhandelsgeschäfte machen sie zur Einkaufsmeile. Hier befinden sich u. a. das traditionsreiche, 1905 errichtete gehobene Warenhaus Oberpollinger, das Geschäftshaus Hirmer (wo bis 1807 der »Schöne Turm« und zuvor das Kaufingertor als Teil der ältesten Münchner Stadtbefestigung standen), Filialen großer Ketten, der FC Bayern Store, Modeboutiquen und Souvenirläden. Auch Gaststätten wie das urige **Augustiner Stammhaus**, mehrere Cafés, Kirchen und Museen ziehen Touristen an. Tausende Passanten beleben täglich den turbulenten Boulevard.

Augustiner Stammhaus
In dem traditionsreichen Wirtshaus wird seit jeher das weltberühmte Augustiner Bier ausgeschenkt, die älteste Münchner Biermarke der ältesten Münchner Brauerei. Die 1328 erstmals erwähnte Brauerei gehörte zum 1294 gegründeten Kloster der Augustinermönche. Im Zuge der Säkularisation wurde das Kloster 1803 aufgelöst. Die Klosterbrauerei blieb und wurde 1817 in die Neuhauser Straße verlegt. Hier schuf Emanuel von Seidl 1896/97 das neue Stammhaus mit Bierhalle, Restaurant, mehreren Sälen und einem wunderschönen Arkadengarten.

Geschäftshaus »Zum Schönen Turm«

12 | Bürgersaalkirche

In Richtung Karlstor fällt auf der rechten Straßenseite die zweigeschossige barocke Fassade der Bürgersaalkirche auf. Hier ließen Sodalen (Mitglieder) der 1610 gegründeten Marianischen Männerkongregation, einer Vereinigung katholischer Männer, 1709/10 nach Plänen des Hofbaumeisters Giovanni Antonio Viscardi einen Bet- und Versammlungsraum errichten. Von ihr wird der Bürgersaal seit der Weihe des Hochaltars durch den Freisinger Fürstbischof 1778 als Kirche genutzt. Ihr Innenraum besteht aus der Oberkirche, einem hellen barocken Saal mit Hochaltar und zwei jüngeren Deckengemälden, sowie der Unterkirche, einer dreischiffigen Krypta. Vor deren Altar befindet sich unter einer Platte das Grab des Jesuitenpaters Rupert Mayer (1876–1945, 1987 seliggesprochen). Er kam 1912 als Seelsorger nach München, wirkte ab 1921 am Bürgersaal sowie in St. Michael und setzte sich für Arme und Bedürftige ein. An das Leben und Wirken des mutigen Paters, der gegen die nationalsozialistische Diktatur predigte, Redeverbot erhielt und wegen Nichtbeachtung mehrmals interniert wurde, erinnert ein Museum (Mo–Sa 10–17 Uhr, So 14–17 Uhr), in dem auch die Geschichte und Spiritualität der Kongregation vorgestellt werden.

Franz Beckenbauer
1945–2024, Fußball-Legende. Der Spieler und Mannschaftskapitän des FC Bayern München wurde zur »Lichtgestalt« des bundesdeutschen Fußballs. Ab 1971 war er Kapitän der deutschen Nationalmannschaft, die 1972 Europameister und 1974 Weltmeister wurde. 1990 führte er als Trainer die Mannschaft zum WM-Titel. Später machte Beckenbauer Karriere als Sportfunktionär, war Präsident des FC Bayern, des Organisationskomitees der Fußball-WM 2006, Vizepräsident des DFB, Mitglied des FIFA-Exekutivkomitees. An der Gedenkfeier in der Münchner Allianz Arena nach seinem Tod nahmen 20 000 Gäste teil.

13 | Alte Akademie

Entlang der Neuhauser Straße werben Großfotowände für ein besonderes Projekt, den Umbau der Alten Akademie mit mehreren Gebäuden und Innenhöfen zu einem modernen Ensemble hinter historischer Fassade – mit Gastronomie, Einzelhandel, Büros und Wohnungen. Die Alte Akademie, auch Wilhelminum genannt, wurde im 16. Jahrhundert im Geist der Gegenreformation als Jesuitenkolleg erbaut. Es gilt als eines der großartigsten Beispiele klösterlicher Architektur der Renaissance. Nach dem Verbot des Ordens 1773 und dem Ende der kirchlichen Nutzung zogen 1783 die Bayerische Akademie der Wissenschaften, 1807 die Akademie der Bildenden Künste ein. Von 1826 bis 1840 hatte auch die Ludwig-Maximilians-Universität hier ihr Domizil. Im April 1944 wurde der Komplex nahezu vollständig zerstört. Der Wiederaufbau in den 1950er Jahren erhielt die alte Struktur, angepasst an eine neue Nutzung durch Landesämter, Kreditanstalt sowie das Kaufhaus Hettlage. 2013 übernahm die österreichische Immobiliengruppe Signa mit vielversprechenden Plänen den Komplex. Die Insolvenz von Signa brachte im November 2023 den Baustopp in der Alten Akademie – mit ungewissem Ausgang.

Der **Richard-Strauss-Brunnen**, auch Salome-Brunnen genannt, wurde 1962 zu Ehren des berühmten Sohnes der Stadt, des Komponisten Richard Strauss (1864–1949), geschaffen. Bildhauer Hans Wimmer gestaltete ihn in der Form einer römischen Bildsäule, die das antike Salome-Thema aufgreift. Sie enthält Szenen aus der Strauss-Oper Salome. Gegenüber dem Brunnen stand das Geburtshaus von Richard Strauss. Seit 2013 befindet sich an dieser Stelle das Josef-Pschorr-Haus. Bereits 1883 wurden erste Werke von Strauss in München aufgeführt. Später wirkte er als Kapellmeister des Münchner Hof- und Nationaltheaters.

14 | St. Michael

Wittelsbachergruft Mo–Sa 10–12.30 / 13–17.30 Uhr (Sa bis 16.30 Uhr)

Neben Alter Akademie und einstigem Jesuitenkolleg erhebt sich die imposante, 54 Meter hohe Giebelfassade der Jesuitenkirche St. Michael. An ihrer Spitze steht Christus, darunter präsentieren Statuen bayerischer Fürsten die Verteidiger des christlichen Glaubens. Zwischen den Portalen wacht der Kirchenpatron, der Erzengel Michael. Das Gebäude, errichtet 1583–1597, gilt als erste und größte Renaissancekirche nördlich der Alpen. Für Herzog **Wilhelm V.**, der 1579 die Regierung in Bayern übernahm, war sie ein Prestigeobjekt und Zentrum der Gegenreformation in Bayern. Nachdem 1590 der Turm des bereits fertigen Bauwerks eingestürzt war und da-

DEO OPT MAX SAC
IN MEMORIAM D. MICHAELIS ARCHANGELI DEDICARI CVRAVIT
PATRONVS ET FVNDATOR

Wilhelm V.
1548–1626, Herzog von Bayern 1579–1597. Er setzte die Politik der Gegenreformation seines Vaters Albrecht V. fort. 1583/89 beteiligte er sich am Kölnischen Krieg um das Erzbistum Köln, nachdem der dortige Erzbischof zum Protestantismus übergetreten war. Wilhelm förderte großzügig die Künste und die katholische Kirche, was die Staatsfinanzen schwer belastete. Um teure Bierimporte zu sparen, ließ er 1589 die erste Hofbrauerei einrichten. Seinem Sohn Maximilian übergab er ein marodes Herzogtum. An seine prunkvolle, 18 Tage dauernde Hochzeit erinnert bis heute das Glockenspiel des Rathausturmes.

bei Teile des Chorraumes zerstört hatte, wurde die Kirche bis 1597 in erweiterter Form wiedererrichtet. Das trieb zwar Wilhelm V. fast in den Bankrott, machte die Michaelskirche aber zu einem Vorbild des Kirchenbaus in Süddeutschland. Der lichte, großartige Innenraum (28 Meter hoch, 80 Meter lang) ist eine Darstellung des Triumphs des Katholizismus als einzig wahres Christentum. Das gewaltige Tonnengewölbe mit prächtigem weißen Stuck besitzt eine Spannweite von 20 Metern. Im mächtigen Langhaus wird der Lebensweg Jesu gezeigt: Vom Kind an der Innenwand der Fassade bis zum Kreuz vor dem Chor, der Auferstehung im Chorraum und dem Hochaltar mit Christus als Herr. Nach der Aufhebung des Jesuitenordens 1773 ging die Kirche an das Haus Wittelsbach über. Seit 1921 ist sie wieder Jesuitenkirche.

St. Michael besitzt eine der bedeutendsten Grablegen der bayerischen Herrscherdynastie Wittelsbach. Neben Wilhelm V. und seiner Gemahlin Renata von Lothringen liegen etwa 40 Wittelsbacher und ihre Ehepartner in der Gruft. Am bekanntesten ist der mythische König Ludwig II. von Bayern. Der Eingang zur Fürstengruft befindet sich auf der rechten Seite des Kirchenraumes unterhalb des Franz-Xaver-Seitenaltars.

15 | Augustinerkirche

Deutsches Jagd- und Fischereimuseum 9.30–17 Uhr

1294 gründeten Augustiner-Eremiten an der Neuhauser Straße ein Kloster und errichteten eine gotische Klosterkirche, die in den beiden darauffolgenden Jahrhunderten erweitert und 1618/21 als erste Kirche Münchens barockisiert wurde. Nach der Säkularisierung des Klosters 1803 diente das Kirchengebäude zunächst als Mauthalle. 1911 baute man den Weißen Saal ein, 1914/15 folgten eine Treppenanlage im ehemaligen Chor und Geschäftsräume im Seitenschiff. Nach Kriegszerstörung wurde die Kirche wiederaufgebaut und 1966 als Deutsches Jagd- und Fischereimuseum eröffnet. Vor dem Eingang an der Ecke Augustinerstraße überraschen zwei gewaltige bronzene Tierfiguren: ein Keiler und ein Wels (Waller) – Symbole für Jagd, Wild und Wald. Auf drei Etagen der im alten Stil ausgebauten Kirche erfährt man Interessantes rund um Jagd und Fischerei, Wildtiere, Schutz und nachhaltige Nutzung der Natur. Rund 1000 präparierte Wildtiere gehören zur Sammlung. Interaktive Medien zeigen z. B. die verborgenen Wasserwelten der Fische oder die geheimen Waldpfade des Wildes und laden Kinder zum Mitmachen ein.

16 | Frauenkirche

Teufelstritt
In der Eingangshalle hinterließ der Teufel höchstpersönlich seinen Fußabdruck. Er hatte dem Baumeister das Versprechen abgenommen, dass die Kirche keine Fenster habe. Als der Teufel auf besagter Stelle stand, sah er tatsächlich keine Fenster und stampfte vor Freude. Erst einige Schritte weiter entdeckte er wutentbrannt die Täuschung. Das Verblüffende: Dem Blick des Besuchers am Hauptportal begegnen tatsächlich keine Fenster, sondern in die Weite führende farbumflutete Säulen ohne Raumgrenzen. Die Legende vom Teufelstritt indessen gibt es in verschiedensten Varianten.

Besichtigung 8–20 Uhr, **Führung** Mo–Sa 11.30 Uhr, **Orgelmusik** Mi 16 Uhr, **Turmaufstieg** Mo–Sa 10–17 Uhr, So 11.30–17 Uhr

Der Dom Zu Unserer Lieben Frau, kurz Frauenkirche, ein spätgotisches Bauwerk aus dem 15. Jahrhundert, ist eines der bekanntesten Wahrzeichen Münchens. Die Bestimmung des Gotteshauses wandelte sich mehrfach: Pfarr- und Stiftskirche, Symbol der Residenzstadt, Wallfahrtskirche, seit 1821 Bischofskirche des Erzbistums München und Freising und auch heute noch Pfarrkirche. Ihre Türme mit den markanten welschen Hauben bestimmen als höchste Bauwerke der Altstadt weithin sichtbar das Stadtbild. Der Südturm, 98,45 Meter hoch, kann über Wendeltreppe und Aufzug bestiegen werden. Oben bietet sich ein wundervoller Rundumblick. Der nicht zugängliche Nordturm, mit 98,57 Meter etwas höher, bildet den höchsten Punkt der Altstadt.

Im 13. Jahrhundert errichteten die Wittelsbacher an diesem Ort die Pfarrkirche Zu Unserer Lieben Frau, eine spätromanische Basilika mit Doppelturmfront. Neben Peterskirche und Heilig Geist demonstrierte sie den

Herrschaftsanspruch des Hauses Wittelsbach gegenüber den Bischöfen. Rund 200 Jahre später, 1468–1494, entstand die neue dreischiffige Hallenkirche im Stil der Spätgotik. Baumeister des imposanten Backsteinbaus war **Jörg von Halspach**. Er gab dem 109 Meter langen, 40 Meter breiten und 37 Meter hohen Kirchenschiff ein sternartiges helles Rippengewölbe, schlichte Wände, schlanke achteckige Pfeiler und hohe farbige Fenster. Die Kuppelhauben der Türme wurden erst 1525 aufgesetzt. Im 16. und 17. Jahrhundert zog der Barock in die Frauenkirche ein. Das 19. Jahrhundert brachte mit der Erhebung zur Bischofskirche eine Rückbesinnung auf die Gotik.

Ihr heutiges Bild erhielt die Kirche ab 1946 beim Wiederaufbau nach dem Krieg. 1954 entstand das monumentale, über dem Altarraum schwebende Kruzifix. Bei einer umfassenden Renovierung 1989–1994 wurde die Raumausmalung Jörg von Halspachs wiederhergestellt. Die liturgische Einrichtung, das Chorgestühl mit Bildwerken von Erasmus Grasser, Bänke, Fußboden und Orgeln wurden erneuert. In die Kapellen kamen alte Gemälde und Bildwerke zurück. Zu den Glanzstücken der Kirche gehört das nicht zu übersehende Wittelsbacher-Denkmal: ein reich verziertes, gewaltiges Prunkgehäuse mit großer Kaiserkrone als Erinnerung an die Kaiserwürde Ludwigs des

Jörg von Halspach
Vor 1441–1488, Baumeister der Spätgotik, auch Jörg Ganghofer genannt. »Meister Jörg« wird erstmals 1441 bei Arbeiten an der Klosterkirche in Ettal, 1450 an der Pfarrkirche in Polling nachgewiesen. Sein Hauptwerk ist die Frauenkirche in München, zu dessen Vorbereitung er Kirchenbauten in Ulm und Augsburg studierte. 1470–1475 errichtete er außerdem das Alte Rathaus (städtisches Fest- und Tanzhaus), das auch zur Repräsentation der Fürsten diente. Bei seinem Tod 1488 war die Frauenkirche (ohne Kuppelhauben) im Wesentlichen vollendet. Ihr Baumeister liegt unter dem nördlichen Turm begraben.

Wittelsbacher-Denkmal

Dallmayr
Hinter dem Rathaus, am Rand der Großbaustelle für die neue unterirdische S-Bahn-Station Marienhof, findet man in der Dienerstraße 14–15 eines der größten Delikatessengeschäfte Europas, benannt nach seinem ehemaligen Inhaber. Es besitzt eine 300-jährige Tradition und eine der bekanntesten deutschen Kaffeemarken. Das stattliche Stammhaus mit historischer Einrichtung bietet vielfältigste Delikatessen. Im stilvollen Restaurant »Alois« kann man exzellent speisen, in der Lifestyle-Bar gegrillten Fisch genießen, im eleganten Café-Bistro mit Ausblick zur Frauenkirche einen Imbiss wählen.

Bayern. In der Krypta unter dem Altarraum befinden sich Gräber zahlreicher Mitglieder des Hauses Wittelsbach – vom ersten Wittelsbacher Kaiser Ludwig IV. bis zum letzten bayerischen König Ludwig III.

Mit den fünf mittelalterlichen und zwei barocken Kirchenglocken ist das Domgeläut eines der wertvollsten historischen Glockenensembles Deutschlands. Im Südturm der Frauenkirche läuten sieben gewaltige Glocken. Der Nordturm besitzt drei Glocken. Dazu gehört die riesige, rund acht Tonnen schwere Salveglocke von 1490. Sie zählt zu den größten Kirchenglocken Bayerns und gilt europaweit als eine der klangschönsten Glocken des Mittelalters.

17 | Alter Hof

Infopoint/Ausstellung Kaiserburg Mo–Sa 10–18 Uhr

In dem Gebäudekomplex befand sich vom 13. bis zum 15. Jahrhundert die Residenz der Wittelsbacher. Ab 1255 wohnten hier die Herzöge von Oberbayern, später Bayern. Ludwig IV. (bekannt als Ludwig der Bayer), der 1314 römisch-deutscher König und 1328 Kaiser des Heiligen

Römischen Reiches deutscher Nation wurde, machte die Burganlage zur Kaiserresidenz. Um ihn als Kleinkind rankt sich eine abenteuerliche Legende, die dem Erker am Burgstock neben dem Torturm die Bezeichnung **Affenturm** einbrachte. Mit Errichtung der neuen Residenz ab 1385 verlor der Alte Hof an Bedeutung und wurde im 16. Jahrhundert endgültig als Fürstensitz aufgegeben. Er blieb Verwaltungssitz für zentrale Behörden wie Finanzämter. Dabei erlebte er im Lauf der Zeit mehrere bauliche Veränderungen. Von den fünf Bauteilen rund um den Hof blieben der Burgstock (mit gotischem Holzerker) und der Zwingerstock erhalten, jetzt in sanierter Form. Lorenzstock, Pfisterstock und Brunnenstock wurden nach historischen Vorlagen neu nachgebaut. In den Räumen befindet sich ein »Infopoint Museen und Schlösser in Bayern«, der Wissenswertes über Historie und aktuelle Ausstellungen der mehr als 1300 Schlösser und Museen des Freistaates bietet. Im gotischen Gewölbekeller des Alten Hofes vermittelt eine Dauerausstellung multimedial die Historie der Kaiserburg, das Leben Ludwigs des Bayern und die Stadtgeschichte.

Durch einen Torbogen an der Nordseite gelangt man zur Alten Münze.

Affenturm
Der Legende nach hatte Herzog Ludwig II. ein zahmes Äffchen, das frei in der Burg umherlief. Eines Tages soll es seinen kleinen Sohn Ludwig aus der Wiege entführt haben. Das gesamte Hofpersonal trieb den Affen mit dem Kind auf dem Arm in wilder Jagd durch die Burg bis aufs Dach über einem hölzernen Erker. Dort oben saß der Affe mit dem Baby. Nach einer Weile kletterte er herunter, um das Kind vorsichtig zurück in die Wiege zu legen. Der gotische Holzerker am Burgstock heißt seitdem auch Affentürmchen.

18 | Alte Münze

Innenhof Mo–Fr 7.30–12 / 13–16.15 Uhr (Fr bis 14 Uhr)

Der dreigeschossige Vierflügelbau (Eingang am Hofgraben 4) entstand Mitte des 16. Jahrhunderts als Marstall und herzogliche Kunstkammer. Beim Umbau zum Königlichen Münzamt erhielt er 1808/09 seine frühklassizistische Westfassade am Hofgraben. Ein architektonisches Kleinod ist der Renaissance-Innenhof mit seinen drei übereinander liegenden Arkadengängen. Seit 1986 ist die Alte Münze Hauptsitz des Bayerischen Landesamtes für Denkmalschutz. Während der Öffnungszeiten kann der historische Hof besichtigt werden.

19 | Hofbräuhaus

11–24 Uhr

Das Platzl, umstanden von alten Bürgerhäusern und 1780 erstmals erwähnt, bietet Altmünchner Flair. Die Häuser Platzl 2 und 3 stammen aus der Zeit der Renaissance und des Barocks. Das Orlando-Haus (Platzl 4/4a) von

1900 trägt Formen der deutschen Renaissance. Benannt wurde es nach **Orlando di Lasso**, dem Eigentümer des Vorgängerbaus. Ab den 1990er Jahren wurde der Promi- und Fernsehkoch Alfons Schuhbeck mit Restaurants und Läden zum Platzhirsch, bis sie 2022 wieder schlossen und Schuhbeck wegen Steuerhinterziehung in Haft ging.

Bekannt ist das Platzl vor allem durch das berühmte, traditionsreiche Hofbräuhaus. Den heutigen Standort bezog 1607/08 die bereits 1589 von Herzog Wilhelm V. im Alten Hof gegründete Hofbrauerei. Seit 1828 ist das Hofbräuhaus mit seinen Trinkstuben für alle Bürger offen. Angesichts wachsender Beliebtheit beschloss Prinzregent Luitpold im Jahr 1896, das Wirtshaus stark zu vergrößern, während die Brauerei ausgelagert wurde. Schon im Jahr darauf öffnete das neue Hofbräuhaus seine Türen. Der gewaltige Bau im Stil der Neorenaissance ist seitdem ein Ort bayerischer Geselligkeit. Aber auch Veranstaltungen unterschiedlicher Couleur finden hier statt. Die große Halle im Erdgeschoss (Schwemme) bietet 1300 Plätze. Stammgäste (es gibt rund 125 Stammtische) schließen in begehrten Maßkrugtresoren ihre persönlichen Bierkrüge ein. Im Obergeschoss befinden sich der Festsaal für 750 Gäste sowie weitere Schankstuben. Auch der gemütliche Wirtsgarten lädt zum Verweilen ein.

Orlando di Lasso
1532–1594, Komponist der Renaissance, Kapellmeister in München. Geboren im heutigen Belgien, kam er 1556 mit 24 Jahren als Tenorsänger an den Hof Herzogs Albrecht V. nach München und wurde 1563 Kapellmeister. Hochgebildet und universell schöpferisch tätig, war Orlando einer der vielseitigsten Komponisten des 16. Jahrhunderts. Er komponierte deutsche Lieder, französische Chansons im Parlando-Stil, Motetten, liturgische Musik wie auch weltliche Werke, die durch Musikaliendrucke und mithilfe guter Kontakte schnell in Mittel-, Süd- und Westeuropa verbreitet wurden.

Oben: Münzarkaden, Maximilianstraße 8
Rechts: Max-Joseph-Denkmal

20 | Maximilianstraße

Die schnurgerade, etwa 1,2 Kilometer lange mondäne Prachtmeile entwickelte sich ab 1854 nach der Vorgabe von König Maximilian II. – als neue Achse von der Residenz in der Altstadt nach Südosten über die Isar bis zu den rasch wachsenden neuen Vororten. Charakteristisch für die Bauten der Maximilianstraße ist der sogenannte Maximilianstil: eine historistische Mischung aus Neogotik und Neorenaissance, verbunden mit Skelettbauweise und Arkaden, wie es dem König gefiel. Heute wird der Boulevard im Westteil von Boutiquen international renommierter Modemarken, exklusiven Juwelieren und demonstrativem Luxus bestimmt. Im östlichen Abschnitt liegen bedeutende Kultureinrichtungen und Behörden wie die Regierung von Oberbayern und das Museum Fünf Kontinente (siehe S. 90/91). Krönender Abschluss ist das malerisch platzierte Maximilianeum, seit 1949 Sitz des Bayerischen Landtages (siehe S. 87).

Leo von Klenze
1784–1864, Baumeister, Maler, Ingenieur, Kunstphilosoph, bedeutender Vertreter des deutschen Klassizismus. Nach Studienjahren in Berlin, Paris, Italien realisierte Klenze erste Bauwerke als Hofarchitekt in Kassel und wurde 1815 Hofarchitekt von König Ludwig I. von Bayern. In München errichtete er (oft in Konkurrenz zu Friedrich von Gärtner) zahlreiche stadtbildprägende Bauten. Zu seinen Aufgaben gehörte die klassizistische Umgestaltung Münchens, bei der er sich an der griechischen Antike orientierte. Das zeigt sich u. a. bei Gestaltung und Bebauung von Königsplatz, Ludwigstraße, Residenz mit Hofgarten und Englischem Garten.

21 | Max-Joseph-Platz

Der Platz am westlichen Ausgangspunkt der Maximilianstraße entstand Anfang des 19. Jahrhunderts nach Auflösung und Abriss des 1284 gegründeten Franziskanerklosters, als Raum für das neue Nationaltheater geschaffen wurde. Hofarchitekt **Leo von Klenze** gestaltete das Areal nach dem Vorbild des Kapitolsplatzes in Rom sowie des Platzes am Ospedale in Florenz. Namensgeber ist König Maximilian I. Joseph von Bayern, kurz Max Joseph. Seit seinem zehnten Todestag, dem 13. Oktober 1835, sitzt er im Krönungsmantel und mit Zepter auf dem hoch erhobenen Thronsessel in der Mitte des Platzes. Das bronzene Denkmal, geschaffen von Christian Daniel Rauch, dem berühmten Begründer der Berliner Bildhauerschule, sowie dem Erzgießer Johann Baptist Stiglmaier, Direktor der Königlichen Erzgießerei in München, gilt als eines der bedeutendsten Werke klassizistischer Bildhauerei. Von jeher ist der Platz, umgeben vom Königsbau der Residenz, von Theatern, Bürgerhäusern und der ehemaligen Hauptpost, eine gute Adresse für Repräsentation, Kultur und Kunst.

22 | Bayerische Staatsoper und Residenztheater

Der klassizistische Bau mit seinen korinthischen Säulen, den zwei Dreiecksgiebeln und der Freitreppe zum Max-Joseph-Platz gleicht einem griechischen Tempel. Das Gebäude, entworfen von Baumeister Karl von Fischer, entstand 1811–1818 unter König Max I. Joseph als neues Königliches Hof- und Nationaltheater und Opernhaus. Bereits im 17. Jahrhundert waren in einem Saal der Residenz erste italienische Opern für die Hofgesellschaft inszeniert und aufgeführt worden. Später fanden sie im ab 1750 erbauten prachtvollen Residenztheater (heute Cuvilliéstheater) statt. Im neu erbauten Nationaltheater begann 1818 die Glanzzeit der Oper in München. Später holte Ludwig II. Richard Wagner nach München und mit ihm die Uraufführungen seiner Werke »Tristan und Isolde« (1865), »Die Meistersinger von Nürnberg« (1868), »Das Rheingold« (1869) und »Die Walküre« (1870).

Beeindruckend präsentiert sich die Innengestaltung: Architektonisch besonders interessant sind der Königssaal, die Treppenaufgänge und die Eingangshalle. Der Zuschauerraum in Rot, Gold und Elfenbein, mit prächtiger Königsloge, Parkettrondell und drei Rängen, verfügt über

Wenige Jahre nach der Eröffnung zerstörte ein **Brand** am 14. Januar 1823 das Theater bis auf die Grundmauern. Während der Aufführung hatte die Dekoration Feuer gefangen. Zu allem Unglück war die moderne Löschanlage eingefroren. König Max I. Joseph blieb bis in die frühen Morgenstunden am Brandort. Beim Löschen des Feuers wurde warmes Brauwasser der umliegenden Brauereien verwendet, da das Löschwasser der Feuerwehr in den Spritzen gefror. Beim Wiederaufbau des Hauses fügte Leo von Klenze die ursprünglich geplante Säulenvorhalle hinzu, wobei die charakteristische Fassade mit Doppelgiebel entstand.

exakt 2101 Sitzplätze, die Bühnenfläche misst 2300 Quadratmeter. Moderne Bühnentechnik und wechselnde Bühnenböden bieten vielfältige Möglichkeiten. Damit besitzt München das größte Opernhaus Deutschlands und eines der schönsten in Europa. Das Drei-Sparten-Haus ist Spielort der 350 Jahre alten Bayerischen Staatsoper, des Staatsballetts und des Staatsorchesters. Jährlich kommen rund 600 000 Besucher zu den 400 Veranstaltungen.

Gleich nebenan bietet das neue Residenztheater – Hauptspielstätte des Bayerischen Staatsschauspiels – ein interessantes Kontrastprogramm. Das Gebäude wurde 1948/51 auf den Grundmauern des im Krieg zerstörten alten Residenztheaters errichtet, ab 1988 saniert und neugestaltet. Sieben klassizistisch anmutende Eingangsportale und eine Glasfront geben dem »Resi«, wie die Münchner das Theater nennen, ein modernes Gepräge. Dem entsprechen Konzept und Programm des Ensembles: zeitgenössische Dramatik mit Uraufführungen sowie Neuinterpretationen der Klassiker. Die Lichtinstallation »Silver Cloud« im Foyer und der rote LED-Schriftzug an der Glasfassade symbolisieren Bewegung innen und außen. Weitere Spielstätten des Ensembles sind das Cuvilliéstheater und der Marstall in unmittelbarer Nachbarschaft.

23 | Residenz München

Max I. Joseph
1756–1825, Kurfürst 1799 bis 1806 (als Maximilian IV.), König von Bayern ab 1806 (als Maximilian I., auch Max I. Joseph) durch ein Bündnis mit Napoleon. Der König gilt mit seinem Ersten Minister Montgelas als Schöpfer des modernen bayerischen Staates. Er setzte einschneidende Reformen und territoriale Veränderungen durch. So führte er die allgemeine Schulpflicht ein und beseitigte Binnenzölle, Zunftzwang und ständische Steuerprivilegien. 1808 gewährte er die erste Verfassung Bayerns, die Grundrechte garantierte und erstmals eine ständeunabhängige Volksvertretung einführte.

Residenzmuseum und Schatzkammer
Apr.–Mitte Okt. 9–18 Uhr; Mitte Okt.–März 10–17 Uhr

Hinter der Schaufassade des mächtigen Königsbaus der Münchner Residenz am Max-Joseph-Platz erstreckt sich entlang der Residenzstraße bis zum Odeonsplatz und Hofgarten der Wohn- und Regierungssitz (1508–1918) der Wittelsbacher Herzöge, Kurfürsten und Könige. Die Münchner Residenz ist das größte Innenstadtschloss Deutschlands.

Im 14. Jahrhundert stand an diesem Ort eine gotische Burg der Herzöge, die Neuveste. Sie diente ihnen als Stadtfestung und sicherer Rückzugsort vor erzürnten Münchner Bürgern. Anfang des 16. Jahrhunderts, mit dem Umzug vom Alten Hof, begann der Ausbau zum prunkvollen Herrscherpalast. In vier Jahrhunderten entstand eine monumentale Vierflügelanlage. Sie umfasst den Maximiliansbau (Residenzstraße), Festsaalbau (Hofgarten), Apothekenbau (Marstallplatz) und Königsbau (Max-Joseph-Platz), die rund um insgesamt zehn Innenhöfe gelagert sind.

Herzog Albrecht V. ließ als erstes neues Gebäude das

langgestreckte Antiquarium errichten, ein prächtiges Zeugnis der Renaissance. Ende des 16. Jahrhunderts entstanden unter Wilhelm V. die Anlagen des Grottenhofs, ab 1600 unter seinem Sohn Maximilian I. die Trakte um Kapellenhof, Brunnenhof mit Wittelsbacherbrunnen und den frühbarocken Kaiserhof. Auch die doppelstöckige Hofkapelle und der neue Hofgarten stammen vom Anfang des 17. Jahrhunderts. Die ersten bayerischen Könige **Max I. Joseph** und Ludwig I. forcierten im 19. Jahrhundert den Ausbau zur Königsresidenz. Dabei entstanden – vornehmlich durch Hofarchitekt Leo von Klenze – der Königsbau, der Festsaalbau (nach Abbruch der oberirdischen Reste der Neuveste) mit Apothekenflügel zum Hofgarten, der Marstall mit Hofreitschule, die Allerheiligen-Hofkirche und das Nationaltheater. Schöne Innenhöfe dienten als Zugänge, für Empfänge und glänzende höfische Feste. Die so entstandenen pompösen Raumkunstwerke in den Baustilen der Renaissance, des Barock, Rokoko, Klassizismus und Historismus geben heute Zeugnis vom Selbstverständnis der Herrscher des Hauses Wittelsbach bis zum Ende der Monarchie im Jahr 1918.

Maximilian von Montgelas
1759–1838, Staatsreformer. Der Jurist und Historiker wurde unter Kurfürst Maximilian IV., dem späteren König Max I. Joseph, zum Außenminister Bayerns und Staatsmann, ähnlich einem Ministerpräsidenten. Seine theoretischen Konzepte, beeinflusst von Aufklärung und Französischer Revolution, umrissen die Modernisierung von Verwaltung und Politik Bayerns, die er mit Unterstützung des Königs großteils umsetzte. Auf Betreiben von Kronprinz Ludwig wurde Montgelas 1817 als Minister gestürzt. Nach Einführung der Verfassung von 1818 spielte er in der Kammer der Reichsräte eine einflussreiche Rolle.

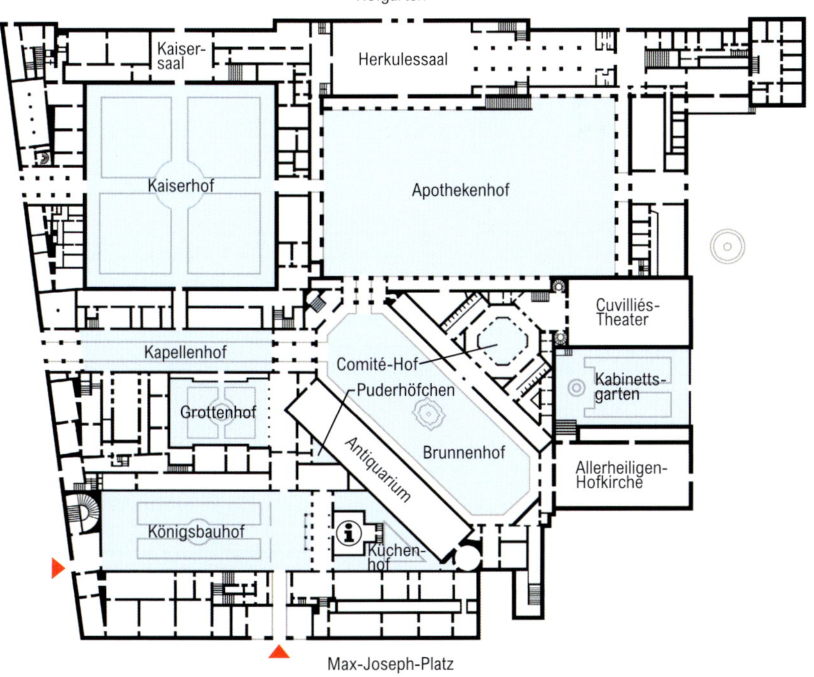

Seit 1920 ist die Residenz als Museum für die Öffentlichkeit zugänglich. Heute sind hier die kostbar ausgestatteten Räume der Fürsten, ihre Kronen und Juwelen sowie zahlreiche Kunstobjekte zu bewundern. Die prächtigen Säle und Innenhöfe, die Hofkirche und das Cuvilliés-Theater bieten Platz für festliche Veranstaltungen. Auch bedeutende Einrichtungen fanden ein attraktives Domizil: die Bayerische Akademie der Wissenschaften (gegr. 1759) hat seit 1959 ihren Sitz im Nordostflügel, die Bayerische Akademie der Schönen Künste (gegr. 1948) seit 1972 im Königsbau.

Mit seinen rund 130 Räumen gehört das **Residenzmuseum** zu den bedeutendsten Schlossmuseen Europas. Es vermittelt den Besuchern anhand der Architektur und Einrichtung einen Eindruck vom Kunstsinn und Machtanspruch der bayerischen Herrscher. Ein Rundgang durch die historischen Räume, deren Möbel, Gemälde, Teppiche und Skulpturen sich oft an jenen Orten befinden, für die sie einst geschaffen wurden, bietet ein seltenes Erlebnis hoher Anschaulichkeit.

Eingang und Kassenbereich befinden sich im Königsbauhof mit Zugang vom Max-Joseph-Platz. Zu Beginn bietet das berühmte **Antiquarium** einen überwältigenden Eindruck. Es ist der älteste erhaltene Raum der Residenz, entstanden in den Jahren 1568/71. Der 66 Meter lange, glanzvolle Saal mit durchlaufendem Tonnengewölbe ist einer der größten und prächtigsten Renaissancesäle nördlich der Alpen. Seine Bezeichnung rührt von den antiken Skulpturen her, denen Herzog Albrecht V. den Saal widmete und die zum Teil noch heute vorhanden sind. 1581 bis 1600 gestalteten seine Nachfolger, Herzog Wilhelm V. und Maximilian I., das Antiquarium zum reich ausgemalten Fest- und Bankettsaal um. Im Geschoss über dem Antiquarium befand sich bis 1599 die Hofbibliothek. Später wurden die Räume zu kurfürstlichen Appartements ausgebaut. Die prunkvolle **Ahnengalerie**, die Kurfürst Karl Albrecht nach seinem Regierungsantritt 1726 in Auftrag gab, zeigt mehr als 100 Porträts von Angehörigen der Wittelsbacher Herrscherlinie, eingelassen in die geschnitzte und vergoldete Wandtäfelung. Karl Albrecht setzte der Dynastie damit absichtsvoll ein glanzvolles Denkmal, das er als Kaiser zu krönen gedachte, der er 1742 tatsächlich wurde. Der

Albrecht V.
1528–1579, Herzog von Bayern ab 1550. Als Nachfolger seines Vaters, Wilhelm IV., der die Gegenreformation in Bayern begründet hatte, setzte Albrecht diese fort und unterstützte die Jesuiten. 1551 wies er die Juden aus dem Herzogtum aus. Albrecht war leidenschaftlicher Kunstsammler und Freund der Künstler. In seiner Zeit begann die Entwicklung Münchens zu einer Stadt der Künste. Er legte den Grundstock für die Hofbibliothek, die Antiken- sowie die Münzsammlung, holte Maler, Kupferstecher und den Komponisten Orlando di Lasso an den Hof. Durch Pracht und Luxus häufte Albrecht ungeheure Schulden an.

Links: Brunnenhof mit Wittelsbacherbrunnen

Antiquarium

Maximilian I.
1573–1651, Herzog von Bayern ab 1597, Kurfürst ab 1623. Mit energischer Regentschaft und tiefgreifenden Reformen sanierte er das hochverschuldete Land finanziell und wirtschaftlich. Dazu gehörten strenge Kontrolle der Ausgaben und Steigerung der Einnahmen durch Vergabe von Monopolen (z. B. auf Weißbier), Salzherstellung, Zölle, Steuern, Förderung von Handel und Gewerbe, Aufbau einer effektiven Verwaltung. Die absolutistische Reformpolitik schaltete die Mitbestimmung der Landtage aus und beschnitt die Rechte der Bürger. Selbst religiös, förderte er die Marienfrömmigkeit und den Katholizismus.

angrenzende Raum präsentierte ursprünglich den Wittelsbacher Hausschatz. Seit Anfang des 20. Jahrhunderts wird hier eine Porzellansammlung ausgestellt. Im Geschoss darüber erstrahlen die sogenannten **Reichen Zimmer** im Glanz des höfischen Rokoko. Karl Albrecht ließ diese Räume 1730/37 als Parade- und Staatsappartements in auserwählter Kostbarkeit von den Hofkünstlern gestalten, um seinen Anspruch auf die Kaiserwürde zu unterstreichen. Heute sind sie – nach originalem Vorbild erneuert – wieder in weitgehend ursprünglicher Schönheit zu erleben.

Im Kaiserhoftrakt, errichtet 1612/16, führt die großzügig angelegte **Kaisertreppe** im Nordflügel zu den frühbarocken Repräsentationsräumen von Maximilian I. Das Glanzstück bildet der prachtvolle **Kaisersaal**. Seine reiche Ausstattung mit Wandteppichen und Gemälden thematisiert die Tugenden des Fürsten sowie Helden der Antike und des Alten Testaments, die als Vorbild dienten. Westlich schließen sich der **Vierschimmelsaal** (1614) und die Steinzimmer an, die dem Kaiser beim Besuch in München als Wohnung dienten. 1799 wurden die beiden Säle zu klassizistischen Wohnräumen für die Gemahlin von Max I. Joseph umgebaut. Erst seit 1985 sind sie nach erfolgter Rekonstruktion wieder barocke Festräume.

Unter König Ludwig I. begannen 1826 die Arbeiten für den **Königsbau**. Architekt Leo von Klenze erhielt den Auftrag, die Residenz durch einen neuen Wohnpalast für das Königspaar zu erweitern, der bereits 1835 bezugsfertig war. Der klassizistische Bau und die an der Renaissance orientierte Hauptfassade am Max-Joseph-Platz bezeugen Ludwigs Verehrung für Italien. Leo von Klenze entwarf auch die gesamte Ausstattung der im Hauptgeschoss befindlichen königlichen Gemächer in einheitlichem Stil. Ausschließlich Münchner Tischler und Bildhauer fertigten die Möbel. Die Räume besitzen heute wieder ihre ursprüngliche Gestalt und bilden ein einzigartiges Ensemble des Spätklassizismus in München. Der Zugang erfolgt über die monumentale Gelbe Treppe, die seit 2021 wiederhergestellt ist. Im Erdgeschoss befinden sich die fünf **Nibelungensäle** mit größtenteils erhalten gebliebenen Fresken des Nibelungenlieds, das im 19. Jahrhundert zum Nationalepos wurde. Insgesamt 20 Ausstellungsräume auf vier Etagen des rückwärtigen Königsbaus präsentieren zahlreiche Meisterwerke der Porzellan- und Silbersammlung der Wittelsbacher.

Allerheiligen-Hofkirche

Im Osten der Residenz ließ König Ludwig I. zwischen 1826 und 1837 die **Allerheiligen-Hofkirche** errichten, ebenfalls nach Plänen Leo von Klenzes. Sie ist dessen ein-

Ahnengalerie

Cuvilliés-Theater

ziger Kirchenbau in München. Auf die Emporen gelangte die Königsfamilie direkt von den Residenzräumen aus. Die Bürger kamen von außen durch die romanisch-gotische Ostfassade in die Kirche. Heute dient sie mit hervorragender Akustik als Konzert- und Veranstaltungsraum. Beim Museumsrundgang ist nur die Empore zugänglich.

Ins Erdgeschoss des östlichen Königsbaus zog 1958 die **Schatzkammer** ein. Sie präsentiert mehr als 1200 Kunstwerke der weltberühmten Sammlung der Wittelsbacher Herrscher: Juwelen, Goldschmiede-, Emaille-, Kristall-, Elfenbeinarbeiten und als Glanzstück die Bayerische Königskrone. Nachdem Herzog Albrecht V. im Jahr 1565 verfügt hatte, dass die kostbaren Objekte zu einem unveräußerlichen Schatzfonds vereinigt würden, wuchs die Sammlung bis ins späte 18. Jahrhundert immer weiter. Im frühen 19. Jahrhundert fand sie mit den Krönungsinsignien sowie Kunstwerken aus säkularisiertem Kirchen- und Klosterbesitz einen Abschluss. 1897 erhielt die Sammlung ein eigenes Domizil, in dem sich heute die Museumskasse befindet.

Im Auftrag von Kurfürst Max III. Joseph entstand 1751/55 ein Operntheater für die Hofgesellschaft in unmittelbarer Nähe der Residenz. Die Entwürfe stammten von Architekt François Cuvilliés d. Ä., der den Inszenierungen barocker Opern ein prächtiges Ambiente verlieh. Hier erlebte 1781 Mozarts Oper »Idomeneo« ihre Uraufführung. Das Theater wurde 1944 durch Bomben zerstört, lediglich die ausgelagerten geschnitzten, farbigen Rangeinbauten überlebten. Nach aufwendiger Restaurierung wurden sie 1956/58 in den Apothekenstock der Residenz eingebaut und bilden seitdem das **Cuvilliés-Theater** – ein sehenswerter, weiß-rot-gold dekorierter Theaterraum im bayerischen Rokokostil. So ist das Alte Residenztheater am neuen Ort – zugänglich vom Brunnenhof – wiederauferstanden, während sich an alter Stelle bereits seit 1951 das Neue Residenztheater befindet.

24 | Hofgarten

Im Norden der Residenz schließt sich der Münchner Hofgarten an. Er entstand ab 1613, gleichzeitig mit der Erweiterung der Residenz unter Herzog Maximilian I., als reich ausgestatteter Renaissancegarten mit Maulbeergängen, Brunnen, Spalieren. Das Zentrum der Anlage bildete ein zwölfeckiger Pavillon mit Rundbogenarkaden (heute oft fälschlich als Dianatempel bezeichnet). Von dessen acht Eingangsbögen führen Wege als Haupt- und Diagonalachsen durch den Garten. Auf dem Dach des Pavillons thront die Tellus Bavarica als Symbolgestalt des Landes Bayern. Das Original der um 1590 von Hofbildhauer Hubert Gerhard geschaffenen Statue befindet sich im Residenzmuseum. Entlang der Gartenseiten entstanden Arkadengänge mit Wandmalereien. Im 18. und 19. Jahrhundert wurde der Garten mehrfach umgestaltet und dem Zeitgeschmack angepasst. 1816/18 schuf der Architekt Leo von Klenze das triumphale Hofgartentor. Der heutige Hofgarten besitzt wieder die ursprüngliche Wegestruktur und die ab 1776 erfolgte Umrahmung mit Bäumen. Der Bereich vor der Nordfassade der Residenz erhielt die typischen Pflanzbeete von 1853 zurück. Die Springbrunnen werden wieder durch das aus dem 16. Jahrhundert stammende, nun sanierte »Hofbrunnwerk« mit Wasser versorgt. Im Pavillon erklingt mitunter Musik oder Tänzer zeigen einen Tango. Die Bilder des Arkadengangs erzählen Begebenheiten aus der Geschichte der Wittelsbacher.

Pavillon im Hofgarten

25 | Odeonsplatz

Ludwig I.
1786–1868, König von Bayern 1825–1848. Er folgte Max I. Joseph auf den Königsthron und dankte nach einer Liebschaft mit der Tänzerin Lola Montez ab. Schon als Kronprinz begann er, München zu einer Stadt der Kunst und Architektur zu entwickeln. Die vielen neuen Bauten zeigen die Verehrung Ludwigs für das antike Griechenland. Kostspielige Bauprojekte setzte er sogar gegen den Rat der hochverschuldeten Stadt durch. Als Förderer der Wirtschaft initiierte er den Bau des Donau-Main-Kanals 1836/46 und bewilligte die erste deutsche Eisenbahnstrecke Nürnberg–Fürth (1835), die beide seinen Namen erhielten.

Der weitläufige Platz, umgeben von imposanten Gebäuden, war und ist eine erste Adresse für Großveranstaltungen, Konzerte, Demonstrationen. Er entstand Anfang des 19. Jahrhunderts, als Kronprinz Ludwig, der spätere König **Ludwig I.**, den alten Fürstenweg von der Residenz in Richtung Schloss Schleißheim zu einer Straße ausbauen ließ, die königliche Macht präsentieren sollte – samt ihren Säulen Militär, Kunst, Kirche, Wissenschaft, Regierung. So führt die Ludwigstraße über einen Kilometer von der Feldherrnhalle geradewegs zum Siegestor (siehe S. 74) und gehört zu den städtebaulich bedeutsamen Hauptachsen Münchens. Am Odeonsplatz wurde 1862 ein **Reiterstandbild Ludwigs** aufgestellt.

1816 erhielt Baumeister Leo von Klenze den Auftrag zur Gestaltung der Stadtfläche. Er ließ das Schwabinger Tor von 1319 abreißen und entwickelte zwei ineinander übergehende Plätze: den Vorplatz der Residenz und einen anschließenden Rechteckplatz, den späteren Odeonsplatz. Alle angrenzenden Neubauten entwarf er selbst. An der Ostseite entstand 1824/26 neben dem Hofgarten das 175 Meter lange **Bazargebäude** mit zwei Eckpavillons. Hier findet man heute das »Tambosi«,

Münchens ältestes Kaffeehaus. Im Nordwesten wurde 1826/28 das berühmte **Konzerthaus »Odeon«** erbaut, das nach der Zerstörung im Zweiten Weltkrieg nicht als Konzertsaal wiedererstand. Hinter der rekonstruierten historischen Fassade zog das Innenministerium ein, der ehemalige Konzertsaal wurde zum Innenhof.

26 | Feldherrnhalle

Friedrich von Gärtner entwarf das klassizistische Gebäude (erbaut 1841/44) im Süden des Odeonsplatzes nach dem Vorbild der Loggia dei Lanzi in Florenz. Zu Ehren des bayerischen Heeres ist es ausgestattet mit den Statuen der Feldherren Graf Tilly (Dreißigjähriger Krieg) und Fürst Wrede (Befreiungskrieg gegen Napoleon) sowie mit einem glorifizierenden Heldendenkmal. Von den Stufen, links und rechts ein Löwe, blickt man bis zum symbolträchtigen Siegestor am anderen Ende der Ludwigstraße.

Die Nationalsozialisten machten nach ihrer »Machtergreifung« 1933 die Feldherrnhalle zum Gedenkort für die Gefallenen des Hitlerputsches vom 9. November 1923. Am Ort, wo die Revolte von der bayerischen Polizei niedergeschlagen wurde, forderten nun SS-Wachen Tag und

DEMNÄCHST

Nacht von allen Passanten den Hitlergruß. Viele Münchner mieden die Stelle und bogen in die kleine Viscardigasse hinter dem Gebäude ab, die deshalb vielsagend »Drückebergergasse« genannt wurde. Heute erinnert dort eine etwa 30 Zentimeter breite Bronzespur an die gefährliche Ausweichtaktik. Gegenüber an der Residenz wird auf einer Tafel der vier bayerischen Polizisten gedacht, die 1923 im Kampf gegen die Hitleranhänger ihr Leben verloren.

27 | Theatinerkirche

Fürstengruft Sa 10–12.30/13–16.30 Uhr

Einen großartigen Blickfang am Platz vor der Residenz gab es schon lange vor seiner Neugestaltung: die Theatinerkirche. Ihre mächtige Kuppel ragt 70 Meter in den Himmel, die beiden Türme 64 Meter. Das Bauwerk, offiziell St. Kajetan, war die erste Barockkirche in Bayern. Sie entstand als Dank des Kurfürsten Ferdinand Maria und seiner Gemahlin Henriette Adelaide für die lang ersehnte Geburt von Nachkommen, insbesondere des Erbprinzen im Jahr 1662, des späteren Kurfürsten Max II. Emanuel. Bereits ein Jahr danach begann der italienische Baumeister Agostino Barelli mit dem Bau der Hof- und Klosterkirche. Die noch nicht vollendete Kirche wurde 1675 geweiht. Erst viele Jahrzehnte später (1765/68) gestalteten Vater und Sohn François de Cuvilliés die Rokoko-Fassade. Die Kirche verdankt ihren Namen dem Theatinerorden, dessen Mitglieder sie von 1675 bis 1801 betreuten. Kirchenpatron Kajetan von Thiene (1480–1547) gehörte zu den Gründern des Ordens. Seit 1954 ist die Kirche Wirkungsfeld der Dominikaner.

Der überwältigend hohe Innenraum überrascht durch schlichte, weiße Gestaltung, massive Säulen, filigranen Stuck und einen Altarraum mit überlebensgroßen Skulpturen. Wie St. Michael und die Frauenkirche, besitzt die Theatinerkirche eine Grablege des Wittelsbacher Herrscherhauses. 49 Angehörige sind in der Fürstengruft beigesetzt, u. a. die Kirchenstifter und ihr Sohn Max Emanuel sowie dessen Sohn, Kaiser Karl VII., Max I. Joseph (erster König von Bayern) und Prinzregent Luitpold.

2. Spaziergang

28 | Karlsplatz/Stachus

Der Platz im Zentrum Münchens ist ein Kreuzungspunkt von Wegen in alle Himmelsrichtungen. Seit 1797 heißt er offiziell Karlsplatz – benannt nach Kurfürst Karl Theodor, der 1791 den noch heute bestehenden Umriss anlegen ließ. Die Münchner aber sagen »Stachus«, seit im 18. Jahrhundert an der Ecke Sonnenstraße das Wirtshaus »Zum Stachus« von Eustachius Föderl stand. Sie zeigten dem ungeliebten Pfälzer Kurfürsten, der 1777 Bayern geerbt hatte, die kalte Schulter.

Bis zur Umgestaltung vor den Olympischen Spielen 1972 galt der Stachus als autoverkehrsreichster Platz Europas. Heute locken im Sommer die Wasserfontänen und im Winter die Eisbahn vor allem junges Publikum an. Für andere ist die Buchhandlung Hugendubel, der 1893 von Heinrich Karl Gustav Hugendubel in München gegründete große Buchhandelsfilialist, ein Anlaufpunkt. Tausende Passanten beginnen am Karlstor ihren Bummel durch die Fußgängerzone zum Marienplatz.

Karlstor

Das Karlstor gehört neben Isartor und Sendlinger Tor zu den letzten erhaltenen Stadttoren der Stadtbefestigung aus dem 14. Jahrhundert. Seit 1861 präsentiert sich das Bauwerk im neogotischen Stil. Aus den Ecken des mittleren Torbogens grüßen vier Münchener Originale des 18. und 19. Jahrhunderts: der Volkssänger und Kapellmeister Josef Sulzbeck, der letzte königliche Hofnarr Georg Pranger, der Kutscher Franz Xaver Krenkl, dem die Bemerkung »Wer ko, der ko!« beim Überholen der Königskarosse von Ludwig I. nachgesagt wird, und der Liebesbrief-Austräger »Finessensepperl« (Joseph Huber), dessen Ausspruch »Nix gwiß woas ma net« zu einer Münchner Redensart wurde. Die angrenzenden schwungvollen Rondellbauten am Karlsplatz entstanden 1796–1802. Hundert Jahre später wurden sie aufgestockt und mit Stuck, Figuren, Brüstungen zu einem stattlichen Ensemble entwickelt.

29 | Justizpalast

Ausstellung zur Weißen Rose Mo–Do 9–15 Uhr, Fr 9–14 Uhr

Der neobarocke Palast an der Westseite des Stachus überragt mit seiner gewaltigen Kuppel viele Bauten der Altstadt. Er entstand 1891/97 im Auftrag von Prinzre-

Künstlerhaus
Für die legendäre Münchner Künstlerschaft erfüllte sich im Jahr 1900 ein Traum: das »Haus für alle Künstler der Stadt« im Herzen der Altstadt, unweit der prächtigen Hauptsynagoge gelegen (siehe Abb. S. 5). Architekt Gabriel Seidl hatte ein beeindruckendes Gebäude mit prunkvollem Festsaal geschaffen, das zum schillernden Mittelpunkt des Münchner Kulturlebens wurde. Hier fanden Künstlerfeste, Maskenbälle, Konzerte, Schauspiel- und Tanzabende statt. 1938 erfolgten neben dem Abriss der Synagoge auch die Auflösung und Enteignung des Künstlerhaus-Vereins, 1944 die Zerstörung des Hauses. Nach dessen Wiederaufbau zog Gastronomie ein. Erst in den 1990er Jahren kehrte die Kunst zurück. Seitdem finden im Künstlerhaus wieder Feste, Konzerte, Ausstellungen, Tanz und Theater statt.

Neptunbrunnen im Alten Botanischen Garten

gent Luitpold und beherbergte von Anfang an das Bayerische Justizministerium. Architekt Friedrich Thiersch stattete alle vier Fassaden des freistehenden Gebäudes opulent mit barocken Risaliten, Säulen, Giebeln und Balkonen aus. Auf dem Giebel der Südfassade stehen Balthasar Schmitts Figuren der Justitia mit Waage und Schwert, flankiert von Unschuld und Laster. Im Inneren beeindruckt der zentrale Lichthof mit einer rund 67 Meter hohen Glaskuppel, imposanten Treppenanlagen, Rundbogengängen und Säulen. 1943 war der Justizpalast Schauplatz der Prozesse gegen die Mitglieder der studentischen Widerstandgruppe »Weiße Rose« (siehe S. 77), an die eine Dauerausstellung im Saal 253 erinnert.

Östlich des Karlsplatzes lohnt ein Abstecher zum historischen Münchner **Künstlerhaus** am Lenbachplatz 8.

30 | Alter Botanischer Garten

Entlang der Nordseite des Justizpalastes erstreckt sich der Alte Botanische Garten, angelegt in den Jahren 1804 bis 1812. Aus dieser Zeit blieb nur das klassizistische Eingangstor am Lenbachplatz im Osten erhalten. Nach Entstehung des Neuen Botanischen Gartens 1912 in Nymphenburg wurde der Alte Garten zur Parkanlage. Mitte der 1930er Jahre übernahmen die Nationalsozialisten die Gestaltung: Der Garten erhielt den pompösen Neptunbrunnen, ein Parkcafé und ein Ausstellungsgebäude, den heutigen Kunstpavillon für Projekte zeitgenössischer Künstler und aktuelle Debatten. An der Westseite überragt seit 1996 eine moderne Skulptur die Anlage, der »Staccioliring« des italienischen Künstlers Mauro Staccioli.

31 | St. Bonifaz

Die Benediktinerabtei wurde 1835 von König Ludwig I. gegründet, um dem geistlichen Leben nach der Säkularisation von 1803 neue Anstöße zu geben. 1850 wurde die Abteikirche St. Bonifaz – zu Ehren des christlichen Missionars Bonifatius – feierlich geweiht. Die Basilika des Architekten Georg Friedrich Ziebland war eine fünfschiffige Kirche mit offenem Dachstuhl und prachtvoller Ausstattung, orientiert an frühchristlichen Vorbildern. Sie galt als eine der schönsten modernen Kirchen ihrer Zeit. Nach Norden schloss sich die Klosteranlage mit berühmten Fresken an. Mit Kirche, Kloster und dem Kunstausstellungsgebäude am Königsplatz gedachte der König seine Idee vom Dreiklang Religion–Wissenschaft–Kunst zu verwirklichen und bestimmte St. Bonifaz zu seiner Grablege.

Nach der Zerstörung im Zweiten Weltkrieg wurde die Basilika nicht wieder in alter Größe errichtet, sondern durch einen modernen Zentralbau neu bestimmt und mehrmals umgestaltet. Der Altar erhielt einen Platz in der Raummitte, umgeben von Chorgestühl und Bankreihen. Ein Gemäldefries des Malers Peter Burkart schmückt die Arkaden. Bildhauer Friedrich Koller schuf das Relief des Innenportals nach dem Motiv der Endzeitrede aus dem Matthäusevangelium. Im rechten Seitenschiff der Kirche ruhen in einem schlichten Steinsarkophag die Gebeine von Ludwig I. Seine Gemahlin Therese war ursprünglich in der Krypta bestattet. Seit 2002 befinden sich ihre Gebeine hinter einem Epitaph hinter dem Sarkophag ihres Gemahls. Das »Zentrum St. Bonifaz« widmet sich seit vielen Jahren der Seelsorge-, Bildungs- und Sozialarbeit, unter anderem der Betreuung von Obdachlosen.

32 | Lenbachhaus

Der Kreis des **Blauen Reiter** in München und Murnau gehört neben der Künstlergemeinschaft »Brücke« in Dresden und Berlin zu den wichtigsten Wegbereitern der modernen Kunst des 20. Jahrhunderts. Er entwickelte eine spezifische Art von strahlend farbiger, expressiver und teils abstrahierender Formensprache. Im Blauen Reiter wirkten mit Wassily Kandinsky und Franz Marc verschiedene Künstler auf vielfältiger Basis in großer Offenheit zusammen. Berühmte Bilder: »Blaues Pferd I« von Franz Marc, »Reitendes Paar« von Wassily Kandinsky, »Das Russen Haus« von Gabriele Münter, »Rosengarten« von Paul Klee.

Städtische Galerie Di–So 10–18 Uhr, Do/Fr bis 20 Uhr

Die historische Künstlervilla im toskanischen Stil mit idyllischem Garten war einst nobler Wohnsitz und Atelierhaus des Münchener Malerfürsten Franz von Lenbach. Er hatte sie 1887–1890 von dem Architekten Gabriel von Seidl in dieser exponierten Lage am Königsplatz, nahe den königlichen Kunstsammlungen, errichten lassen. 1924 verkaufte die Witwe das Anwesen an die Stadt München, die ein Museum der Münchner Malerei des 19. Jahrhunderts bis zur Gegenwart einrichtete und 1929 die Städtische Galerie eröffnete. Ihre Sternstunde schlug 1957: Gabriele Münter schenkte der Galerie zahlreiche Werke ihres berühmten Lebensgefährten Wassily Kandinsky, eigene Gemälde sowie Arbeiten aus ihrem Umkreis. Damit erhielt das Haus mehr als 1000 Werke von Weltrang. Nach weiteren Stiftungen und Ankäufen besitzt das Lenbachhaus die weltweit größte Sammlung der Kunst des **Blauen Reiter** mit Arbeiten von Kandinsky, Gabriele Münter, Franz Marc, August Macke, Paul Klee, Alexej Jawlensky, Marianne von Werefkin u. a. Weitere Schwerpunkte der Sammlung und Forschung sind die Bereiche 19. Jahrhundert, Klassische Moderne, Nachkriegsmoderne und Gegenwartskunst. Nach einer Generalsanierung und der Erweiterung durch einen modernen Anbau verfügt das Haus seit 2013 über attraktive Möglichkeiten, um den Ansprüchen an ein zeitgemäßes Museum gerecht zu werden. Es ist bekannt für hochinteressante Ausstellungen und vielseitige Veranstaltungen. Nach dem Gang durch Haus und Garten lädt das Museumscafé »ELLA« ein. Es verdankt seinen Namen Gabriele Münter, die von Kandinsky liebevoll Ella genannt wurde. Restaurant und Terrasse bieten einen schönen Blick hinüber zum Königsplatz.

33 | Königsplatz

Glyptothek Di–So 10–17 Uhr, Do bis 20 Uhr; **Staatliche Antikensammlungen** Di–So 10–17 Uhr, Mi bis 20 Uhr

Der Generalplan für die **Maxvorstadt** im Auftrag von Kronprinz Ludwig (später König Ludwig I.) sah eine Ausfallstraße von der Residenz bis zum Schloss Nymphenburg vor, die spätere Brienner Straße. Baumeister Carl von Fischer und Gartengestalter Friedrich Ludwig Sckell

Die **Maxvorstadt**, 1812 urkundlich erwähnt, ist nach dem ersten bayerischen König Max I. Joseph benannt, der das Viertel als erste planmäßige Erweiterung der Stadt in Auftrag gab. Entstanden ist sie jedoch größtenteils unter seinem Sohn, Ludwig I., nach 1825. Er ließ durch die Architekten Leo von Klenze und Friedrich von Gärtner seine Vorstellungen von einem »Isar-Athen« verwirklichen. Dabei entstanden die Ludwigstraße mit Staatsbibliothek, Universität und Siegestor, der Königsplatz mit großen Museen, die Alte Pinakothek, Wohn- und Geschäftshäuser. Um 1900 war die Maxvorstadt fast lückenlos bebaut.

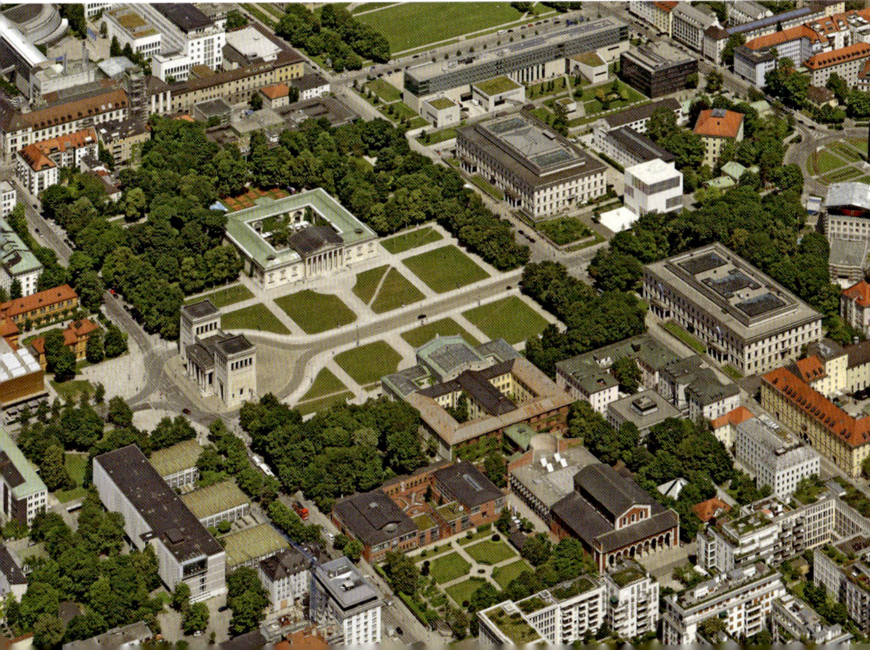

Glyptothek

konzipierten die Prachtmeile, unterbrochen von Plätzen und Grünanlagen und gesäumt von repräsentativen Gebäuden. Zum Höhepunkt sollte der Königsplatz werden, nach dem Vorbild der Akropolis in Athen: streng, klassisch griechisch, mit Tempelbauten und Rasenflächen. Seine architektonische Gestalt verlieh ihm ab 1815 Hofarchitekt Leo von Klenze in enger Abstimmung mit Ludwig. Bis zum Jahr 1862 entstand ein großzügiges klassizistisches Gebäudeensemble nach antikem Vorbild mit Säulenfronten und breiten Freitreppen – das »Isar-Athen« König Ludwigs I.

In der Zeit des Nationalsozialismus wurde der Königsplatz zum Ort für Großveranstaltungen der NSDAP und Zentrum eines weitläufigen Viertels von NS-Behörden, u. a. der Parteizentrale im sogenannten »Braunen Haus« (siehe S. 62). 1933 fanden auf dem Königsplatz Bücherverbrennungen unliebsamer Autoren, später triumphale Aufmärsche der Nationalsozialisten statt. In der Nachkriegszeit war die riesige Fläche vor allem Parkplatz. Erst 1987/88 erhielt der Königsplatz seine originalen Formen so weit wie möglich zurück.

In der Maxvorstadt erstreckt sich heute das weitläufige Kunstareal mit 18 Museen und Ausstellungshäusern, mehr als 40 Galerien, sechs international renommierten Hochschulen und zahlreichen Kulturinstitutionen (www.kunstareal.de).

Der Tempelbau an der Nordseite des Königsplatzes entstand 1816–1830 als Museum für die Sammlung antiker Skulpturen von Kronprinz Ludwig. Klenze schuf eine quadratische Anlage, deren vier Flügel einen Innenhof umschließen. Die Fassade mit ionischen Säulen ähnelt griechischen Tempelfronten. Ihre Innenräume mit gewölbten Decken gleichen römischen Thermen. Die **Glyptothek**, das älteste öffentliche Museum Münchens, ist das einzige Museum der Welt, das sich allein der antiken Skulptur widmet. Die Ausstellungssäle präsentieren griechische und römische Statuen, Skulpturen, Büsten und Reliefs aus dem 6. Jh. v. Chr. bis zum 5. Jh. n. Chr. Zu den Glanzstücken gehören die Giebelskulpturen des Aphaiatempels von Ägina, die römische Marmorkopie »Medusa Rondanini«, die Statue des trunkenen Satyrs »Der Barberinische Faun« und die Figur »Trunkene Alte«.

»Die Schöne«, antike Tonfigur mit originaler Bemalung, Athen, 300–275 v. Chr.

Am Südrand des Platzes befinden sich seit 1967 die **Staatlichen Antikensammlungen**. Hier wird »Kleinkunst« der Griechen, Etrusker und Römer gezeigt: Vasen mit kunstvoller Malerei, Figuren aus Bronze und Ton, Schmuck aus Gold, Silber und Edelsteinen, Keramik- und Glasstücke verschiedener Formen und Farben. Der Tem-

Staatliche Antikensammlungen

Propyläen

pelbau mit breiter Treppe und korinthischen Säulen von Georg Friedrich Ziebland entstand 1838–1848 als Gebäude für Kunst- und Gewerbeausstellungen. Im Giebelfeld steht Bavaria als Schützerin der Künste.

Die **Propyläen** bilden den Abschluss des Königsplatzes nach Westen. Leo von Klenze gestaltete die klassizistische Toranlage ab 1846 als Kopie der Propyläen, des monumentalen Tores zur Akropolis in Athen. Die Tempelfront erhielt dorische Säulen, auf beiden Seiten flankiert von Türmen. Ludwig Schwanthalers Giebelreliefs verherrlichen den griechischen Befreiungskampf 1821–1829 (Westen) und den Wittelsbacher König Otto von Griechenland (Osten), einen Sohn Ludwigs. Eine Woche vor dem Sturz des griechisch-bayerischen Königs Otto wurden die Propyläen am Königsplatz 1862 eingeweiht, privat finanziert vom inzwischen abgedankten Ludwig I. Nichtsdestotrotz waren die Propyläen das repräsentativste Stadttor der Königsstadt München. Das Haupttor und die Portale dienten als Durchgänge für den Verkehr, bis dieser 1928 an die Seiten verlegt wurde. Seit der Wiederherstellung des historischen Königsplatzes in den 1980er Jahren sind die sanierten Propyläen, obwohl innen nicht begehbar, wieder schöner Bestandteil des architektonischen Areals »Isar-Athen«.

34 | Hochschule für Musik und Theater

In der Arcisstraße 12 steht der 1933–1937 errichtete »Führerbau«, der den Nationalsozialisten als Repräsentationsgebäude diente. Hier wurde 1938 das Münchner Abkommen unterzeichnet, demzufolge die Tschechoslowakische Republik das Sudetengebiet an das Deutsche Reich abtreten und binnen zehn Tagen räumen musste. Ab 1943 lagerte im Keller NS-Raubkunst. 1945 nutzte die amerikanische Militärregierung das Haus als Sammelstelle von NS-Beutekunst vor der Rückgabe an ihre Eigentümer. Nach teilweisem Umbau zog 1957 die Hochschule für Musik ein und hat bis heute hier ihren Hauptsitz, seit 1998 erweitert zur Hochschule für Musik und Theater München. Mit rund 1300 Studenten an fünf Standorten ist sie die größte staatliche Kunsthochschule in Bayern. Unterrichtet werden die Bereiche Musik, Tanz, Theater, Kulturmanagement und Kulturjournalismus. 2023 erteilte der Freistaat Bayern einen Planungsauftrag zur Generalsanierung des Hauptgebäudes und gesamtheitlichen Entwicklung mit umfangreichen Baumaßnahmen. In den Folgejahren soll am geschichtsträchtigen Ort ein zukunftsweisender Hochschulcampus entstehen.

35 | NS-Dokumentationszentrum

Max Mannheimer
1920–2016, Überlebender der Schoah. Der Sohn einer jüdischen Kaufmannsfamilie, geboren in der Tschechoslowakei, wurde 1943 nach Theresienstadt deportiert, später in die KZ Auschwitz, Warschau, Dachau, Karlsfeld, Mühldorf. Ab 1946 lebte Mannheimer in München, wo er als Kaufmann arbeitete. Bekannt wurde er durch die Veröffentlichung seiner Erinnerungen 1985. Unermüdlich setzte er sich ein gegen das Vergessen des Holocaust, führte viele Gespräche mit Jugendlichen. 1990 übernahm er den Vorsitz der Lagergemeinschaft Dachau, 1995 wurde er Vizepräsident des Internationalen Dachau-Komitees.

Di–So 10–19 Uhr

Auf dem Gelände des früheren »Braunen Hauses«, der Parteizentrale der NSDAP ab 1931 bis zur Zerstörung 1945, unweit der 1947 gesprengten »Ehrentempel«, befindet sich heute das NS-Dokumentationszentrum. Es entstand auf Initiative engagierter Münchner Bürger, die in den 1990er Jahren einen kritischen offenen Umgang mit der NS-Zeit forderten. Im Mai 2015, 70 Jahre nach dem Ende des Zweiten Weltkrieges, wurde das Haus am **Max-Mannheimer**-Platz eröffnet. Es ist konzipiert als Lern- und Erinnerungsort, um die zentrale Rolle Münchens im Nationalsozialismus sichtbar zu machen. Hier soll über Ursachen und Ausprägungen der NS-Diktatur sowie ihre Folgen bis in die Gegenwart berichtet und diskutiert werden. Die interessante Dauerausstellung »München und der Nationalsozialismus« erstreckt sich über vier Geschosse. Am besten beginnt man ganz oben beim Thema Ursprung und Aufstieg der NS-Bewegung (4. OG). In den Etagen darunter folgen: Herrschaft und Gesellschaft im Nationalsozialismus (3. OG), München und der Krieg (2. OG), Auseinandersetzung mit der

NS-Zeit nach 1945 (1. OG). Biografien Münchner Persönlichkeiten geben emotional berührende Einblicke in die Zeit. Zahlreiche interaktive Medienstationen ermöglichen selbstständige Recherchen. Wechselausstellungen behandeln außerdem immer wieder neue interessante Aspekte. Die großen Fenster zum Königsplatz bieten die Sicht nach draußen auf bauliche Relikte und authentische Orte. Im Außenbereich vor dem Eingang zeigt das Medienkunstwerk »Brienner 45« Filmclips mit historischen Bildern und Texten.

36 | Karolinenplatz

Der kreisförmige, begrünte Karolinenplatz gehört zu den absichtsvoll geplanten Unterbrechungen der einstigen Wittelsbacher Fürstenstraße. Er wurde 1809–1812 als Strahlenplatz angelegt, der erste dieser Art in München. König Max I. Joseph, Initiator und Namengeber der neuen Maxvorstadt, gedachte den Karolinenplatz zu ihrem Knotenpunkt zu machen und benannte ihn nach seiner Frau Karoline. In der Mitte wurde 1833 ein schwarzer, 29 Meter hoher Obelisk (Entwurf: Leo von Klenze) aufgestellt. Er erinnert an 30 000 bayerische Soldaten, die im

Russlandfeldzug Napoleons 1812 fielen, als Bayern auf Seiten der Franzosen stand. In den Befreiungskriegen 1813–1815 kämpften die Bayern gegen Napoleon. Nach den Orten blutiger Schlachten des Jahres 1814 sind die Brienner und die Barer Straße benannt. Ursprünglich umringten mehrere prächtige Stadtvillen den Platz. Heute stehen hier das frisch sanierte Amerikahaus von 1957 sowie Gebäude von Wissenschaftseinrichtungen und Verbänden.

37 | Staatliches Museum Ägyptischer Kunst

Di–So 10–18 Uhr, Di bis 20 Uhr

Die Hochschule für Fernsehen und Film München bezog 2011 den interessanten Neubau des Kölner Architekten Peter Böhm. An der Frontseite erhebt sich eine 17 Meter hohe, gewaltige Portalwand. Ihr Eingang führt ins Unterirdische – zum Museum Ägyptischer Kunst, einer der weltweit bedeutendsten Sammlungen altägyptischer Kunst, seit 2013 an diesem eigens dafür geschaffenen Ort. Auf der Rasenfläche vor dem Gebäude gibt die 3,6 Meter hohe, nach vorn gebeugte Stahlfigur »Present Continuous« (2011) von Henk Visch bereits ein Zeichen: ein roter Strahl weist durch den Boden direkt zu den alten Ägyptern. Das Museum befindet sich komplett unter der Erdoberfläche. Tageslicht erhält es über einen versenkten Innenhof. Hohe weite Hallen, kleine Säle, verwinkelte Abzweigungen und überraschende Durchblicke wirken wie ein Gang durch altägyptische Tempel und Königsgräber. Die Präsentation der Skulpturen, Porträtköpfe, Reliefs, Gefäße, Schmuckstücke gliedert sich in übergeordnete Themen wie Religion, Jenseitsglaube, Pharaonen, Schrift und Text, Kunsthandwerk. Eine 17 Meter lange Vitrine zeigt mit Objekten entlang des Nils die Geschichte vom 4. Jahrtausend vor bis ins 1. Jahrtausend nach Christus. Wechselnde Sonderausstellungen zu aktuellen Themen aus Kunst und Geschichte schaffen immer wieder neue Verbindungen von der Vergangenheit zur Gegenwart.

Im Anschluss an den Museumsbesuch lohnt sich zur Abwechslung die Einkehr bei **»Minna Thiel«**.

»Minna Thiel«
Vor der HFF steht ein MAN-Schienenbus der 1950er Jahre aus Berlin. Heute ist er beliebter Treffpunkt für Studenten der umliegenden Universitäten. In enger Kooperation mit Doris Dörrie und der Hochschule für Fernsehen und Film gibt es den ganzen Sommer lang Lesungen, Workshops, Live- und DJ-Musik und natürlich Getränke. Hinter dem Namen »Minna Thiel« verbirgt sich die verstorbene erste Frau des Bahnwärters in Gerhart Hauptmanns Novelle »Bahnwärter Thiel«. Den Initiatoren der originellen Location ist sie Symbol für Halt, bedingungslose Liebe und ein Zufluchtsort für alle Sehnsüchtigen.

Oben: Museumseingang
Links: »Present Continuous«

38 | Technische Universität

Westlich der Arcisstraße liegt das Stammgelände der Technischen Universität München (TUM). Sie zählt zu den größten Technischen Universitäten in Deutschland. Ihre rund 52 000 Studentinnen und Studenten belegen insgesamt 178 Studiengänge in sieben disziplinübergreifenden »schools« der Natur- und Ingenieurwissenschaften, Medizin, Mathematik, Informatik sowie technikorientierten Geistes- und Sozialwissenschaften. Sie verteilen sich auf vier Hauptstandorte und zahlreiche Sondereinrichtungen, u. a. in Singapur. Seit 2006 ist die TUM eine Exzellenzuniversität.

Thiersch-Turm in der Gabelsbergerstraße

Gegründet 1868 als polytechnische Schule, entstand 1877 die Königliche Bayerische Technische Hochschule an der Arcisstraße. Um 1900 stiegen die Studentenzahlen, Erweiterungsbauten folgten. Architekt Friedrich von Thiersch vollendete 1916 den 37 Meter hohen Turmbau über dem Gebäudekomplex Gabelsbergerstraße, der heute als historischer Thiersch-Turm bzw. Uhrenturm ein weithin sichtbares Wahrzeichen der Universität ist. In interessantem Kontrast dazu steht der Innenhof mit dem modernen Audimax und Installationen, die schwungvoll die Atmosphäre auflockern.

39 | Alte Pinakothek

Di/Mi 10–20 Uhr, Do–So 10–18 Uhr, app.pinakothek.de

Beidseits der Barer Straße liegt das große Geviert der Pinakotheken mit den drei berühmtesten Gemäldesammlungen Münchens. Sie bilden das Herz des Kunstareals. Jedes der drei Häuser ist architektonisch, bauhistorisch und hinsichtlich seiner Kunstsammlung von herausragender Bedeutung.

Als erster Galeriebau und seinerzeit größter Museumsbau der Welt entstand 1826–1836 die Alte Pinakothek im Auftrag von König Ludwig I., der die königlichen Sammlungen zusammenführen und der Öffentlichkeit zugänglich machen wollte. Leo von Klenze konzipierte das zweigeschossige langgestreckte Haus zwar prunkvoll, zugleich aber auch funktional für die Präsentation von Bildern: mit von Oberlicht beleuchteten großen Sälen und kleineren Bilderkabinetten auf der Nordseite. Damals bot es Platz für rund 2000 Gemälde. Nach starker Beschädigung im Zweiten Weltkrieg wurde das Gebäude 1952–1957 wiederhergestellt. Der Architekt Hans Döllgast verlegte dabei den Haupteingang von der Ostfassade an die Mitte der langen Nordseite, schuf durch

Skulpturenpark
Auf den Wiesen zwischen den Pinakotheken begegnet man zahlreichen zeitgenössischen Plastiken. Nahe der Alten Pinakothek sind das »Trojanische Pferd« (1976/81) von Hans Wimmer und die »Große Biga« (2000), ein Streitwagen aus dem alten Rom, von Fritz Koenig zu sehen. Nicht weit entfernt steht die sieben Meter hohe Doppelsäule »23/70« (1970) von Erich Hauser, in der Mitte der Rasenfläche befinden sich die zwei fließenden Figuren »Two-Piece Reclining Figure: Points« (1969/70) von Henry Moore und daneben das geometrische »Zueinander« (1999) von Alf Lechner.

Umbau neue Ausstellungssäle und schloss eine südliche Fassadenlücke mit sichtbar neuem Mauerwerk, um den Krieg in Erinnerung zu halten.

Die Alte Pinakothek zeigt die Alten Meister: europäische Malerei des 14. bis 18. Jahrhunderts. Das Museum präsentiert in 19 Sälen und 47 Kabinetten etwa 700 Gemälde der mehrere Tausend Bilder umfassenden Sammlung europäischer Maler wie Albrecht Dürer, Rembrandt, Albrecht Altdorfer, Botticelli, da Vinci, Raffael, Tizian, Rubens. Zu den Beständen gehören die umfangreichste Sammlung altdeutscher Malerei (14.–17. Jh.) sowie altniederländische (14.–16. Jh.), holländische (17. Jh.), flämische (16./17. Jh.), italienische (13.–18. Jh.), französische (17./18. Jh.) und spanische Malerei (16./17. Jh.). In einer Neupräsentation der Sammlung werden seit 2022 rund 200 Gemälde in ungewohnten Zusammenhängen und thematischen Gruppen, über Stil- und Epochengrenzen hinweg, gezeigt. Dieser Ausbruch aus der traditionellen chronologischen und geografischen Ordnung will neue Sichten auf Inhalte und Entstehung der Kunst öffnen.

Entlang der Nordseite lädt eine weite Rasenfläche mit dem **Skulpturenpark** zur Kunstbetrachtung ein.

40 | Neue Pinakothek

Wegen Sanierung bis voraussichtlich 2029 geschlossen

»Große Biga« (Fritz Koenig, 2000)

Die Neue Pinakothek bildet seit ihrer Eröffnung 1853 den Gegenpol zu den Alten Meistern in der Alten Pinakothek. Das Gebäude nach Entwürfen von Friedrich von Gärtner entstand ebenfalls im Auftrag von König Ludwig I., beherbergte aber seine damalige »Gegenwartskunst«, d. h. Malerei der Münchner Schule und der Romantik des 19. Jahrhunderts. Damit war sie weltweit die erste Sammlung »moderner« Kunst. Anfang des 20. Jahrhunderts kamen bedeutende Werke der französischen Impressionisten hinzu.

Nach Zerstörung des Gebäudes im Zweiten Weltkrieg erfolgte 1949 der Abriss der Ruine. Erst 1981 eröffnete an ihrer Stelle nach Architekturwettbewerb und sechsjähriger Bauzeit wieder eine Neue Pinakothek – ein postmoderner Neubau des Architekten Alexander von Branca – mit dem Anspruch, zeitgenössische Kunst zu präsentieren.

Seit 2002 – mit Eröffnung der Pinakothek der Moderne in unmittelbarer Nachbarschaft – konzentriert sich die Neue Pinakothek auf Malerei und Skulptur des 19. Jahrhunderts. Sie besitzt Werke vom ausgehenden 18. bis

Eingangsbereich mit der Skulptur »Miracolo« (Marino Marini, 1959/60)

zum beginnenden 20. Jahrhundert der europäischen Kunst, von der Aufklärung bis zum Beginn der Moderne. Die Schwerpunkte liegen bei Klassizismus, Romantik, Jugendstil und Impressionismus. Zu den großen Namen der vertretenen Künstler gehören u. a.: Francisco de Goya, William Turner, Caspar David Friedrich, Carl Spitzweg, Eugène Delacroix, Pierre-Auguste Renoir, Claude Monet, Vincent van Gogh, Gustav Klimt, Pablo Picasso, Auguste Rodin.

Während der Sanierung wird eine Auswahl von Meisterwerken des 19. Jahrhunderts im Erdgeschoss der Alten Pinakothek (Ausstellung »Von Goya bis Manet«) und in der Sammlung Schack (siehe S. 85) gezeigt.

41 | Pinakothek der Moderne

Di–So 10–18 Uhr, Do bis 20 Uhr

An der anderen Seite der Barer Straße überrascht seit 2016 mitten auf der Wiese ein Ufo: das Futuro des finnischen Architekten Matti Suuronen, ein restauriertes Exemplar der Kleinserie von etwa 70 Stück. Er entwickelte sein Zukunftshaus aus Kunststoff im Jahr 1968, in der Euphorie des beginnenden »Plastikzeitalters«, als Ski-Hütte.

Futoro vor der Pinakothek der Moderne

Die Neue Sammlung, Eingangsbereich mit Arbeiten von Luigi Colani und Design Vision

25 Quadratmeter Nutzfläche, beheizbar, schnell auf- oder abzubauen, gedacht zum Wohnen, als Arztpraxis, Bankfiliale oder Unterrichtsraum in unwegsamem Gelände.

Die großartige Pinakothek der Moderne ergänzt seit ihrer Eröffnung im Jahr 2002 das Areal der Münchner Pinakotheken. Ihr Kunstangebot umfasst vier Disziplinen der Klassischen Moderne und Gegenwartskunst – Kunst, Graphik, Architektur und Design. Sie vereint vier Museen unter einem Dach: die Moderne Kunst der Staatsgemäldesammlung (Malerei, Plastik, Fotografie, neue Medien ab frühes 20. Jh.), die Staatliche Graphische Sammlung München (Zeichnungen und Druckgraphik vom 15. bis 21. Jh.), die Neue Sammlung des Münchner Designmuseums (Industrie- und Produktdesign, Grafikdesign, Computer Culture, Kunsthandwerk des 20./21. Jh.), das Architekturmuseum der Technischen Universität München (Zeichnungen, Entwürfe, Modelle ab Mitte 19. Jh., Computeranimationen, Filme). Mit dieser ungewöhnlichen »Vierfaltigkeit« ist die Pinakothek weithin einmalig. Sie gehört zu den größten Sammlungshäusern Europas.

Der imposante, offene Museumsbau des Münchner Architekten Stephan Braunfels besteht aus Sichtbeton, Glas und Stahl. Beide Eingänge führen in eine zentrale Rotunde von 30 Metern Durchmesser und mit gigantischer Lichtkuppel. Über große, sich trichterförmig erweiternde Treppenanlagen gelangt man zu den rings um die Halle angeordneten Ausstellungsräumen: Design im Untergeschoss, Architektur, Graphik und Wechselausstellungen im Erdgeschoss, Moderne Kunst im ersten Stock. Die Treppenführung, umlaufende Galerien und hohe Lichträume ermöglichen interessante Durchblicke und spannungsvolle Perspektiven.

42 | Museum Brandhorst

Di–So 10–18 Uhr, Do bis 20 Uhr

Nördlich der Pinakothek der Moderne macht mit bunter Fassade aus 36 000 Keramikstäben ein weiteres Museum der modernen Kunst auf sich aufmerksam. Das Museum Brandhorst (Eingang Ecke Türkenstraße/Theresienstraße) wurde eigens für die hochkarätige, private Kunstsammlung von Anette und Udo Brandhorst errichtet und 2009 eröffnet. Seitdem gehört es zu den Bayerischen Staatsgemäldesammlungen. Heute verfügt das Museum über mehr als 1200 Werke internationaler Kunst von den späten 1950er Jahren bis in die Gegenwart.

Lepanto-Zyklus von Cy Twombly

Besonders bemerkenswert sind der europaweit größte Bestand von Andy Warhol sowie einzigartige Werke von Cy Twombly, Arbeiten der Neo-Avantgarde (Georg Baselitz, Sigmar Polke, Gerhard Richter, Joseph Beuys, Bruce Nauman) und der Postmoderne (Jeff Koons, Mike Kelley, Cady Noland, Katharina Fritsch). In wechselnden Ausstellungen werden sie der Öffentlichkeit zugänglich gemacht. Durch die fortgesetzte Sammeltätigkeit der Anette und Udo Brandhorst Stiftung wächst die Sammlung zeitgenössischer Kunst kontinuierlich weiter.

Die Berliner Architekten Sauerbruch Hutton gestalteten das Gebäude mit zwei kühnen, scharf konturierten Teilen: ein zweigeschossiger rechteckiger Längsbau, verbunden mit einem höheren verbreiterten Kopfbau. Hohe Fenster, ein geräumiges Foyer, zahlreiche Räume in unterschiedlichen Größen und Höhen, überraschende Durchblicke laden die Besucher zu einem außergewöhnlichen Kunsterlebnis ein. Im Obergeschoss befinden sich die größten Säle. Ein polygonaler Raum wurde speziell für Cy Twomblys berühmten »Lepanto-Zyklus« mit zwölf großformatigen Bildern entworfen. Von der Lounge des Museums im Obergeschoss bietet sich ein umfassender Blick auf die Pinakotheken und das Münchner Kunstareal.

3. Spaziergang

43 | Siegestor

Der Triumphbogen am Ende der **Ludwigstraße** zu Ehren des im Kampf gegen Napoleon siegreichen bayerischen Heeres bildet mit der Feldherrnhalle am Anfang der Prachtmeile die kriegerische Klammer des königlichen Machtgebarens. Das klassizistische Siegestor entstand 1843–1850. Es ist das letzte Bauwerk des Architekten Friedrich von Gärtner, der 1847 drei Jahre vor der Fertigstellung starb. Gärtner hatte wiederum nach Rom geblickt und den Konstantinsbogen als Vorbild gewählt. Hoch oben thront eine kolossale Quadriga: die Bavaria mit Wagen und vier Löwen, den Blick in die Ferne gerichtet, laut Inschrift »Dem Bayerischen Heere« entgegen. Nach der Katastrophe des Zweiten Weltkrieges war das Siegestor weitgehend zerstört. Der Wiederaufbau erfolgte bis in die 1970er Jahre mit deutlich anderer Botschaft: Sein neuer Schriftzug »Dem Sieg geweiht – Vom Krieg zerstört – Zum Frieden mahnend« macht es zum Mahnmal. Mit abendlicher Beleuchtung und bei Lichtkunstprojekten ist es ein besonderer Blickfang. Hinter dem Siegestor geht die Ludwigstraße in die **Leopoldstraße** über.

Ludwigstraße
Die Planungen und Bauwerke der Ludwigstraße nach Entwürfen der Architekten Leo von Klenze und Friedrich von Gärtner (ab 1827) bezeugen die Italien-Begeisterung Ludwigs. Sie tragen Züge von Neorenaissance (im Südabschnitt, von Klenze), Neoromanik (im Norden, von Gärtner) und erstmals in München den eigens für Ludwig I. eingesetzten Rundbogenstil. Dieser Baustil des Historismus dominierte die Stildiskussion in Deutschland in der Mitte des 19. Jahrhunderts. Er nahm Elemente der byzantinischen, romanischen und Renaissancearchitektur auf, verband sie mit stilneutralen Motiven und war regional unterschiedlich.

44 | Akademie der Bildenden Künste

Das Gebäude der 1808 gegründeten Königlichen Akademie der Bildenden Künste in der Akademiestraße entstand von 1876 bis 1885. Gottfried von Neureuther errichtete ein palastartiges Bauwerk im Stil der Neorenaissance. Seine Freitreppe wird von zwei bronzenen Reiterfiguren geschmückt: Castor und Pollux des Bildhauers Max von Widnmann. Der Anbau mit Aula stammt von 1911/12. Bereits ab Mitte des 19. Jahrhunderts genoss die Akademie der Bildenden Künste außerordentlich hohes Ansehen. Zu ihren Studenten zählten Lovis Corinth, Otto Mueller, Wassily Kandinsky, Alfred Kubin, Paul Klee, Franz Marc, Bruno Paul, Giorgio De Chirico, Ernst Oppler, Fritz Schaefler. Frauen allerdings wurden erst ab 1920 zum Studium zugelassen. Heute studieren an der Kunstakademie etwa 800 Schülerinnen und Schüler unter anderem Malerei und Grafik, Fotografie, Bildhauerei, Architektur, Medienkunst, Schmuck, Performance, Kunstpädagogik. Alljährlich im Juli präsentieren sie ihre Arbeiten in einer Jahresausstellung in den Ateliers, Werkstätten und im Garten. In der U-Bahn-Station Universität besteht seit 1989 die AkademieGalerie mit einem Ausstellungsraum. 2005 wurde in der Akademie-

Leopoldstraße

Bis ins 18. Jahrhundert war Schwabing ein kleines Dorf. Erst 1890 kam es zu München, der Alte Schwabinger Weg wurde 1891 nach dem Sohn des späteren Prinzregenten Luitpold von Bayern in Leopoldstraße benannt. Restaurants, Straßencafés, Kultkneipen und Geschäfte laden zum Flanieren und Verweilen ein. Links des Boulevards locken Bücherstände von Antiquariaten, rechts die 17 Meter hohe Skulptur »Walking Man« von Jonathan Borofski. In den Seitenstraßen entstanden zur Gründerzeit um 1900 schöne Häuser im Jugendstil, in die Literaten und Künstler einzogen. Heute ist Schwabing einer der beliebtesten Stadtteile Münchens.

Hans Magnus Enzensberger
1929–2022, Schriftsteller. Nach dem Studium der Literaturwissenschaft und Philosophie arbeitete er u. a. in Norwegen, Italien, Kuba. Als Herausgeber der Kulturzeitschrift »Kursbuch« 1965–1975 stand Enzensberger der westdeutschen Studentenbewegung und außerparlamentarischen Opposition (APO) nahe. 1980 war er Mitgründer des Kulturmagazins »TransAtlantik«, 1985 Herausgeber der Buchreihe »Die Andere Bibliothek«. Er publizierte zahlreiche Essays, Prosa- und Gedichtbände, erhielt bedeutende Preise, äußerte sich kritisch zum Zeitgeist. Seit 1979 lebte er in München, wo er auch starb.

straße der aufsehenerregende moderne Erweiterungsbau eingeweiht. Seine spektakuläre Architektur im Stil des Dekonstruktivismus ist eine Arbeit des avantgardistischen Architekturbüros Coop Himmel(b)lau.

45 | Ludwig-Maximilians-Universität

Den Geschwister-Scholl-Platz umschließt das dreiflügelige Hauptgebäude der Ludwig-Maximilians-Universität mit Hörsälen, der Großen Aula für festliche Anlässe und einem imposanten Lichthof. Seit 1826 in München ansässig, bezog die 1472 gegründete Universität 1840 ihr neues Domizil. Friedrich von Gärtner hatte ihr einen repräsentativen Bau im Rundbogenstil errichtet. Gegenüber am Professor-Huber-Platz erhielten das Georgianum (römisch-katholisches Priesterseminar) sowie das Max-Joseph-Stift (heute Juristische Fakultät der LMU) entsprechende Häuser. Auf den Rondellen davor platzierte Gärtner zwei große Schalenbrunnen mit hohen Mittelsäulen, nach ihrem Vorbild auf dem Petersplatz in Rom auch »Römische Brunnen« genannt.

1906/09 erfolgte die umfangreiche Erweiterung der Universität durch den Architekten German Bestelmeyer.

Er öffnete die zentrale Treppenanlage Gärtners zu einem hohen Lichthof, an den sich Hörsäle und Audimax anschlossen. Für die Ausstattung gewann Bestelmeyer zahlreiche Künstler. So stammen die Mosaikfelder im Vestibül, der Mosaikboden im Lichthof und das beeindruckende Apoll-Mosaik in der Großen Aula von dem Maler Wilhelm Köppen. In der Tür zum Auditorium maximum zeigt ein Mosaik von Julius Diez die Göttin der Wissenschaft, Tierkreiszeichen und die Symbole der Fakultäten. Den Treppenaufgang flankieren die Statuen Ludwigs I. (von Knut Akerberg) und des Prinzregenten Luitpold (von Bernhard Bleeker).

1960 wurde hoch oben im Lichthof eine Orgel eingebaut, die den Namen Weiße Rose trägt. Der Widerstandsgruppe **Weiße Rose** ist neben einem Bodendenkmal vor dem Haupteingang auch die DenkStätte Weiße Rose im Lichthof gewidmet.

Heute ist die Ludwig-Maximilians-Universität als Elite-Uni mit rund 52 000 Studenten und renommierter Spitzenforschung die zweitgrößte Hochschule Deutschlands. Sie bietet rund 300 Studiengänge an 18 Fakultäten, die meisten davon allerdings nicht im prunkvollen Hauptsitz, sondern an mehreren Standorten der Innenstadt sowie in Großhadern und Oberschleißheim.

Weiße Rose

Am 27. Juni 1942 verteilten Mitglieder der Weißen Rose die ersten Flugblätter, die zum passiven Widerstand gegen den NS-Staat aufriefen. Weitere Flugblätter sollten folgen. Die Studenten Willi Graf, Christoph Probst, Alexander Schmorell, Sophie Scholl und Hans Scholl sowie Professor Kurt Huber bildeten den Kern der Gruppe. Am 18. Februar 1943 verhaftete die Gestapo die Geschwister Scholl, danach weitere Mitglieder. Sie wurden in mehreren Prozessen zum Tode verurteilt und hingerichtet. Heute erinnern verstreute Flugblätter aus Stein auf dem Geschwister-Scholl-Platz an die Aktionen der mutigen Studenten.

46 | St. Ludwig

Mit zwei hoch aufragenden Türmen präsentiert sich die Ludwigskirche als weithin sichtbares Wahrzeichen des Universitätsviertels. Sie wurde zwischen 1829 und 1844 nach Entwürfen von Friedrich von Gärtner als katholische Pfarr- und Universitätskirche errichtet. Gärtner wählte den Grundriss einer dreischiffigen byzantinischen Basilika, verpasste ihr den für die Ludwigstraße typischen Rundbogenstil und ein farbiges Mosaikdach aus glasierten Ziegeln, das 2007/09 in seiner historischen Gestalt wiederhergestellt wurde. Das gewaltige Altarfresko »Das Jüngste Gericht« entstand 1836/40. Peter Cornelius hatte damit das zweitgrößte Wandfresko der Welt (nach Michelangelos Deckenfresko in der Sixtinischen Kapelle) geschaffen. König Ludwig soll es trotzdem nicht gefallen haben, woraus ein anhaltender Streit mit dem Künstler entstand, der schließlich nach Berlin abwanderte. Gravierende Veränderungen in der Kirche durch eine 1903/04 erfolgte Renovierung wurden bei Wiederaufbau und Restaurierungen ab 1954 zurückgenommen. Damit kommt die Universitätskirche St. Ludwig heute wieder ihrem ursprünglichen Aussehen nahe.

47 | Bayerische Staatsbibliothek

Im langgestreckten Neorenaissance-Gebäude Ludwigstraße 16 logiert die größte wissenschaftliche Universalbibliothek Deutschlands. Die Bayerische Staatsbibliothek ist die zentrale Landes- und Archivbibliothek des Freistaates. Ihre Wurzeln gehen zurück auf die 1558 gegründete Hofbibliothek der Wittelsbacher am Alten Hof. 1843 bezog sie das neue Gebäude des Architekten Friedrich von Gärtner. Den Intentionen des Königs entsprechend, ähnelt der Bau florentinischen Palästen. Vier griechische Gelehrte – Thukydides, Homer, Aristoteles und Hippokrates (v.l.n.r., Kopien) beziehen Stellung vor dem Haupteingang, hinter dem ein prächtiges Treppenhaus ins Innere führt. 1966 kam ein moderner Erweiterungsbau hinzu. Heute beherbergt die Staatsbibliothek 37,2 Millionen Medieneinheiten. Dazu gehören 11,2 Millionen Bände, 53 400 laufende Zeitschriften

Treppenhaus der Bayerischen Staatsbibliothek

und 145 000 Handschriften. Seltene historische Drucke, kostbare Handschriften des UNESCO-Weltdokumentenerbes (u. a. das Nibelungenlied, das Perikopenbuch Heinrichs II. oder das Evangeliar Ottos III.) sowie mehr als 1000 Nachlässe machen ihren Bestand einzigartig. Hier lagert außerdem das größte deutsche Bildarchiv in öffentlicher Trägerschaft: 19,4 Millionen Fotografien.

Das Pendant auf der anderen Straßenseite ist der Bayerische Verwaltungsgerichtshof. Er bezog 1913 das klassizistische Bauwerk, das Friedrich von Gärtner 1835–1839 als Damenstiftsgebäude geschaffen hatte.

48 | Staatsarchive

Der klassizistische Gebäudekomplex mit offenen Arkaden, horizontalen Reliefbändern und Rundbogenfenstern wurde 1822–1830 von Leo von Klenze für das bayerische Kriegsministerium errichtet. Seit 1978 befinden sich hier das Bayerische Hauptstaatsarchiv mit allen Urkunden, Akten und Karten Bayerns vom Herzogtum, Kurfürstentum und Königreich bis zum heutigen Freistaat sowie das Staatsarchiv München mit den Unterlagen des Regierungsbezirkes Oberbayern.

49 | Englischer Garten

Japanisches Teehaus

Münchens größter Park erstreckt sich vom Nordosten der Stadt bis zum Altstadtring über 375 Hektar parallel zur Isar. Er gehört zu den weiträumigsten innerstädtischen Parkanlagen der Welt. Sein Name geht auf die englischen Landschaftsgärten zurück, die Hofgärtner Friedrich Ludwig von Sckell Ende des 18. Jahrhunderts als Vorbild dienten. 1792 wurde der Volkspark für die Münchner geöffnet. Während die Hirschau in Norden romantische Ruhe ausstrahlt, der Kleinhesseloher See in der Mitte Entspannung beim Rudern bietet, wartet der Südteil mit unterschiedlichsten Attraktionen auf. Weithin sichtbar ist der 25 Meter hohe **Chinesische Turm**, ein Pagodenbau von 1789/90 im kaiserlich-chinesischen Stil. Neben dem Turm dehnt sich der zweitgrößte Biergarten Münchens mit mehreren Tausend Plätzen aus. Für Kinder dreht sich von April bis Oktober ein historisches Karussell. Nördlich davon steht das klassizistische **Rumfordhaus**, 1791 als Haus für Offiziere errichtet, später vom Königshof genutzt, heute Natur- und Kulturteff für Jugendliche. Sonnenanbeter, Picknicker und Freizeitsportler tummeln sich auf den Wiesen und an den Ufern der Bäche. Weiter südlich bietet der **Monopteros** einen

Monopteros

schönen Panoramablick. Der 16 Meter hohe griechische Rundtempel auf einem künstlichen Hügel wurde 1833/37 durch Leo von Klenze erbaut. Im **Japanischen Teehaus** auf einer Insel im Schwabinger Bach trifft man sich zur meditativen Teezeremonie und im Sommer zum Japanfest. Abenteuerlich geht es am **Eisbach** unter der Prinzregentenbrücke zu: Auf der meterhohen Eisbachwelle probieren Surfer ganzjährig vor den Augen zahlreicher Schaulustiger ihre Künste.

Surfer an der Eisbachwelle

50 | Haus der Kunst

Mi–Mo 10–20 Uhr, Do bis 22 Uhr

Das große internationale Kunstmuseum, das wie ein kompakter langer Riegel den Englischen Garten abschließt, ist der zeitgenössischen Kunst gewidmet. Seine wechselnden Ausstellungen, Performances und Konzerte, Vorträge und Diskussionen wollen Grenzen überschreiten – global, vielschichtig, interdisziplinär, mit hohem künstlerischem Anspruch und gesellschaftlicher Bedeutung. Ohne eine eigene Sammlung zu besitzen, vermittelt das Haus auf immer neue, anregende Weise die Dimension des Zeitgenössischen. Dabei ist stets auch die besondere Geschichte des Gebäudes präsent: Das Museum wurde 1937 als »Haus der Deutschen Kunst« eröffnet. Es entstand auf persönliches Betreiben Adolf Hitlers nach Plänen des Architekten Paul Ludwig Troost, der auch die beiden NSDAP-Gebäude am Königsplatz entwarf. Im monumentalen neoklassizistischen Stil gebaut, ist es eines der ersten architektonischen Vorzeigeprojekte des NS-Regimes, geplant als zentraler Ort der Kunstpolitik. Dieser Bestimmung diente u. a. die hier gezeigte Schau »Große Deutsche Kunstausstellung« des Dritten Reiches. Nach dem Zweiten Weltkrieg war das Haus zunächst Offizierscasino der US-Armee, bis es zum Ausstellungort der zuvor verfemten Moderne und schließlich zum internationalen Zentrum der Gegenwartskunst wurde. Im rückwärtigen Teil lädt die »Goldene Bar« mit historischem Ambiente ein. Im Keller empfängt seit den 1980er Jahren die exklusive Promi-Disko »P1« ihre Gäste.

Links: Chinesischer Turm im Englischen Garten

51 | Bayerisches Nationalmuseum

Di–So 10–17 Uhr, Do bis 20 Uhr

König Maximilian II. gründete Mitte des 19. Jahrhunderts das Bayerische Nationalmuseum und ließ dafür einen Museumsbau, das heutige Museum der Fünf Kontinente (siehe S. 91), errichten. Weil das Haus bald zu klein für die wachsende Sammlung war, entstand 1894 bis 1900 in der **Prinzregentenstraße** ein Neubau nach Entwürfen des Architekten Gabriel Seidl. Das Haus im Stil des Historismus gilt als einer der bedeutendsten und originellsten Museumsbauten seiner Zeit. Um den Kunstwerken aus mehreren Jahrhunderten zu entsprechen, stattete Seidl die Baukörper mit Fassaden unterschiedlicher historischer Stile aus. Gleichzeitig betonte er das Nationale, Regionale, Bürgerliche, anstatt Kirche und Monarchie zu bedienen. Die Innenräume mit verschiedenen Größen, Formen und Ausstattungen ermöglichen einen abwechslungsreichen Rundgang zur europäischen Kunst vom Mittelalter bis zum Jugendstil. Zu sehen sind Gemälde, Skulpturen, Möbel, Textilien, Waffen, Musikinstrumente, Porzellan, Goldschmiedekunst und Elfenbeinschnitzerei. Besonderer Höhepunkt ist die weltbe-

Prinzregentenstraße
Die nach Prinzregent Luitpold von Bayern benannte breite Straße führt in Richtung Osten aus der Innenstadt. Sie entstand Ende des 19. Jahrhunderts im Auftrag Luitpolds. Im Gegensatz zu den königlichen Prachtmeilen Ludwig- und Maximilianstraße war sie eine bürgerliche Nobelstraße, die das gute Verhältnis zwischen Großbürgertum und Wittelsbacher Fürsten zeigen sollte. Erst Adolf Hitler, dessen Privatwohnung sich am Prinzregentenplatz befand, gab 1933 den Anstoß für Bauwerke, die Macht und Strenge demonstrieren.

rühmte Sammlung von Weihnachtskrippen des 17. bis 20. Jahrhunderts. Zeitgemäße Sonderausstellungen zu ausgewählten Themen setzen neue Akzente.

52 | Isar

Eher ein großer Bach als ein breiter Strom, ist die Isar doch seit jeher prägend für die bayerische Hauptstadt. Auf dem Weg vom Karwendelgebirge in Tirol bis zur Mündung in die Donau fließt sie fast 14 Kilometer lang durch München. An ihr entlang und über sie hinweg führte die alte Salzstraße, an Brücken wurden Zölle kassiert. Auf Flößen konnten Güter wie Holz und Kohle transportiert werden. Der Fluss lieferte den Menschen Brauchwasser, seit Anfang des 20. Jahrhundert auch zur Energieerzeugung in Wasserkraftwerken und später Kühlwasser für das bis 2023 betriebene Kernkraftwerk Isar. Die heutige Begeisterung der Münchner für die Isar erwächst aber wohl aus ihrer naturnahen Beschaffenheit mitten im Stadtgebiet. Die flachen, sandigen Ufer, grünen Auen, Kiesbänke, baumbestandenen Inseln und sprudelnden Wasserläufe laden zum Erholen ein. In manchen Bereichen sind Baden, Bootfahren, Surfen und Grillen erlaubt.

Sammlung Schack
Mi–So 10–18 Uhr
Die Gemäldesammlung des Dichters und Literaturhistorikers Adolf Friedrich von Schack (1815–1894) ist in dem nach ihm benannten Museum in der Prinzregentenstraße 9 zu besichtigen. In 20 Sälen auf drei Stockwerken werden Bildwelten der Romantik gezeigt. Die Sammlung Schack ist eines der bedeutendsten Museen für deutsche Malerei des 19. Jahrhunderts. Vorübergehend bietet das Museum auch Meisterwerke aus der Neuen Pinakothek, die wegen Sanierung derzeit geschlossen ist.

53 | Friedensdenkmal

Von der Luitpoldbrücke über die Isar ist der 38 Meter hohe Friedensengel mit sechs Meter breiten Schwingen besonders schön anzusehen. Die goldene Statue, eine Nachbildung der antiken Siegesgöttin Nike des griechischen Bildhauers Paionios, symbolisiert den Sieg im Deutsch-Französischen Krieg 1870/71. Sie krönt das Friedensdenkmal, das in den Jahren 1896–1899 errichtet wurde – zum 25. Jahrestag des »Frankfurter Friedens«, der den Krieg 1871 beendet hatte. Es befindet sich oberhalb der 1894 fertiggestellten Luitpold-Terrasse mitten in den Maximiliansanlagen. Auf einem Sockel erhebt sich ein offener, neun Meter hoher griechischer Tempel, der über zwei Freitreppen zu erreichen ist. An den Eckpfeilern zeigen Medaillons die Porträts preußischer und bayerischer Kaiser, Könige, Generäle sowie die Heldentaten des Herakles. Auf dem Dach des Tempels steht die schlanke, 23 Meter hohe korinthische Säule mit der sechs Meter großen Nike. Die Luitpold-Terrasse bietet einen schönen Blick von der Fontäne des Wasserbassins über die gesamte Prinzregentenstraße hinweg, empfehlenswert vor allem bei Sonnenuntergang.

Unter dem Denkmal laden die schönen Parkwege der Maximiliansanlagen zum Flanieren ein. Landschaftsarchitekt Carl von Effner gestaltete sie 1856–1861 auf Betreiben von König Maximilian II. Nach diversen Erweiterungen erstreckt sich der 30 Hektar große Park heute etwa zwei Kilometer an der Isar entlang vom Englischen Garten bis zur Prater- und Museumsinsel.

54 | Maximilianeum

Auf dem Isar-Hochufer in den Maximiliansanlagen erhebt sich – als monumentaler Abschluss der Maximilianstraße und mit absichtsvoller Fernwirkung – das Maximilianeum, Sitz des Bayerischen Landtages und einer Stiftung für hochbegabte Studenten. Einige Räume zeigen wechselnde Ausstellungen. König Maximilian II. ließ 1857 den Grundstein für das Bauwerk nach Entwürfen von Friedrich Bürklein legen. 1874 wurde es nach zwischenzeitlicher Planänderung fertig. Danach präsen-

Maximilianeum

tierte sich die 150 Meter lange Fassade im Stil der Neorenaissance mit Rundbögen und nicht, wie ursprünglich vorgesehen, im neogotisch orientierten Maximiliansstil.

Seit 1876 ist das Maximilianeum Sitz der von König Maximilian II. gegründeten gleichnamigen Stiftung, die begabte junge Männer aller sozialen Schichten aus Bayern und der Pfalz beim Studium unterstützte und für den höheren Staatsdienst gewinnen sollte. Im Maximilianeum erhielten sie freie Unterkunft und Verpflegung. Bekannte Stipendiaten waren u. a. der Physiker Werner Heisenberg, der Liedermacher Michael Kunze und der spätere Ministerpräsident **Franz Josef Strauß**. Erst seit 1980 dürfen sich auch bayerische junge Frauen um ein Stipendium bewerben. 1949 bezog der Bayerische Landtag das nach der Zerstörung im Zweiten Weltkrieg wiederaufgebaute repräsentative Haus mit Plenarsaal und Räumen für Ausschusssitzungen. Beim jährlichen Tag der offenen Tür und zu wechselnden Ausstellungen kann das Gebäude besichtigt werden.

Der Abstieg von der Anhöhe mit schöner Fernsicht führt geradewegs zur Maximiliansbrücke, über den wiederhergestellten Auer Mühlbach, die Isar und die **Praterinsel** hinweg, in die Maximilianstraße.

Die **Praterinsel** ist neben der Museumsinsel mit dem Deutschen Museum die einzige bebaute und befestigte Insel in der Isar. Früher befand sich hier unter anderem eine Schnapsbrennerei. Heute werden die großen Hallen vor allem für Musikevents und Kunstausstellungen genutzt. Gut zu erreichen ist die Praterinsel über die Praterwehrbrücke, Mariannenbrücke oder den Kabelsteg. Von der Praterinsel kommt man über den Wehrsteg direkt auf die Museumsinsel.

55 | Maxmonument

In der Maximilianstraße, der Prachtstraße Maximilians II., thront auf einer Verkehrsinsel unübersehbar der König höchstselbst. 1864, im Jahr nach seinem Tod, fand ein Wettbewerb für ein Denkmal ihm zu Ehren statt, den der Bildhauer Caspar Zumbusch gewann. 1875 wurde das Monument – auch Max-II-Denkmal genannt – enthüllt. Auf einem hohen, rötlichen Granitsockel steht die fünf Meter große bronzene Statue: König Maximilian II. im Krönungsornat. In der rechten Hand hält er eine Rolle mit der Urkunde der von ihm reformierten Verfassung des Königreiches Bayern von 1818, die linke stützt er aufs Schwert. Ihm zu Füßen halten Putti Schilde mit den Wappen der Landesteile Altbayern, Pfalz, Franken und Schwaben. An den Stufen des Sockels verkörpern vier Figuren die gepriesenen Tugenden des Herrschers: Friedensliebe (Jüngling mit Palmenzweig und Füllhorn), Gerechtigkeit (Frau mit Gesetzbuch und Schwert), Stärke (Kämpfer mit Helm, Schwert und Löwe), Weisheit (Frau mit Fackel). Nur wenige Meter weiter demonstrieren beeindruckende Fassaden repräsentativer Gebäude hinter vorgesetzten Grünanlagen die staatspolitische Bedeutung des breiten Straßenzuges.

Franz Joseph Strauß
1915–1988, einflussreicher CSU-Politiker. Der Sohn eines Metzgermeisters legte 1935 das bayernweit beste Abitur ab und wurde Stipendiat der Stiftung Maximilianeum. Mit der Wehrmacht nahm er am Zweiten Weltkrieg teil. 1949 wurde er erster Generalsekretär der CSU, war viele Jahre Mitglied des Bundestages und Bundesminister. 1978–1988 regierte er Bayern als Ministerpräsident. Dabei setzte er den umstrittenen Bau des Main-Donau-Kanals und der atomaren Wiederaufbereitungsanlage Wackersdorf durch. 1983 fädelte Strauß einen Milliardenkredit für die DDR ein.

56 | Regierung von Oberbayern

Mo–Do 8–16 Uhr, Fr 8–14 Uhr

Bei der Planung der Maximilianstraße durch den Architekten Friedrich Bürklein gab König Max II. auch den Auftrag für ein repräsentatives Gebäude der Königlichen Regierung von Oberbayern. Die verzweigten Regierungsstellen sollten an einem zentralen Standort vereinigt werden. So entstand 1856–1864 an der Nordseite der platzartig aufgeweiteten Maximilianstraße das prunkvolle Bauwerk mit einer Schaufront, die an gotische und romanische Kirchen erinnert. Die Terrakottafassade gilt als Paradebeispiel des sogenannten neogotischen Maximilianstils, der die gesamte Straße charakterisierte. Nach Zerstörung im Zweiten Weltkrieg wurde der Neuaufbau des Regierungsgebäudes bereits 1953 abgeschlossen und dabei die teils noch vorhandene Fassade wiederhergestellt. Drei weibliche Figuren von 1864 auf dem Dach sollen den König symbolisieren: Fides steht für Treue, Justitia für Gerechtigkeit, Sapientia für Weisheit. Die Türme tragen 24 Wappenschilde wichtiger oberbayerischer Städte. Der neue Innenaufbau des Gebäudes erfolgte mit veränderten Grundrissen und Geschossen nach anerkannt hohem ästhetischem Maßstab. Als besonders schöne Zeugnisse der 1950er Jahre gelten heute die elegant geschwungene Treppe des zentralen Treppenhauses, die Gestaltung der Präsidialetage im dritten und die Wandbemalung von Blasius Spreng im sechsten Stock.

57 | Museum Fünf Kontinente

Di–So 9.30–17.30 Uhr

Das monumentale, zweigeschossige Gebäude mit dreigeschossigem Mittelteil und einer 147 Meter langen Hauptfassade wurde 1859–1865 als Bayerisches Nationalmuseum errichtet. Der Architekt Eduard Riedel ließ sich für seine historisierende Gestaltung vom englischen Perpendicular Style der Spätgotik beeinflussen. Bald erwies sich das prächtige Haus als zu klein für die Sammlungen der Wittelsbacher, die im Jahr 1900 auszogen (siehe S. 84). Von 1906 bis 1925 beherbergte der Bau das Deutsche Museum (siehe S. 93). Seit 1926 ist es Sitz des ethnologischen Museums, das Maximilian II. als Förderer von Wissenschaft und Kunst 1862 in München gegründet hatte. Seit 2014 trägt es den Namen »Museum

Joseph von Fraunhofer
1787–1826, Glastechniker, Optiker, Instrumentenbauer. Er begründete Anfang des 19. Jahrhunderts den wissenschaftlichen Fernrohrbau und erfand das Fraunhofer-Objektiv. Im Deutschen Museum steht der Prismenspektralapparat Fraunhofers, mit dem die Fraunhoferlinien im Sonnenspektrum entdeckt wurden. Seine hervorragendste Leistung besteht in der Verbindung von exakter wissenschaftlicher Arbeit und deren praktischer Anwendung für neue Produkte. Mit dieser Denkweise wurde er zum Vorbild und Namensgeber der heutigen Fraunhofer-Gesellschaft. Vor dem Museum Fünf Kontinente erinnert ein Bronzestandbild an ihn.

Altar von St. Lukas

Fünf Kontinente«. Etwa 160 000 Objekte und 135 000 Fotografien bilden eine der weltweit größten ethnologischen Sammlungen. Sehenswerte Höhepunkte sind die kostbaren Stücke, Fotos, Tagebücher und Tonaufnahmen einer Reise nach Burma (heute Myanmar) von 1911, traditionelle Kunstobjekte aus Afrika südlich der Sahara, Perlenstickereien der Sioux oder Specksteinfiguren der Eskimos, orientalische Baukunst des Morgenlandes und mythische Zeugen aus dem alten Peru. Das Museum will die Besucher ermutigen, sich auf fremde Denkweisen, Religionen, Alltagsabläufe einzulassen, Respekt und Inspirationen mitzunehmen.

58 | St. Lukas

St. Lukas war die dritte evangelische Kirche in München, erbaut 1893/96 von Architekt Albert Schmidt. Ihre Architektur, der gewaltige Umfang, eine 64 Meter hohe Kuppel und zwei imposante Türme geben ihr eine städtebauliche Dominanz in exponierter Lage an der Isar – mit sichtbarer Herausforderung für die Vormachtstellung der römisch-katholischen Kirche im Herrschaftsbereich der Wittelsbacher. Heute ist St. Lukas die einzige fast vollständig im Originalzustand erhaltene evangelische Pfarrkirche des Historismus in München. Ihre äußere Form ist romanisch bestimmt, der Innenraum frühgotisch, die Kuppel von der Renaissance beeinflusst – so ordnet sich die Silhouette der Protestantenkirche doch noch ins vorreformatorische, katholische Bild Münchens ein, ohne lutherisch zu rebellieren. Auch der Innenraum blieb in seiner Ausstattung erhalten: der Altar mit reich verziertem Aufbau, die biblischen Szenen der schönen Kanzel, Engel in großer Vielfalt, Taufstein, Fußbodenmosaike, geschnitztes Gestühl. Außer Gotteshaus ist St. Lukas auch Kulturkirche. Sie bietet Raum für zeitgenössische Kunst – Malerei, Musik, Tanz, Theater, Literatur. Der Lukas-Chor wie auch der Gospelchor sind für ihre Konzerte und außergewöhnlichen Inszenierungen bekannt.

59 | Deutsches Museum

9–17 Uhr

Die fast 900 Meter lange und bis zu 200 Meter breite **Museumsinsel** in der Isar ist Standort eines der größten naturwissenschaftlich-technischen Museen der Welt, des Deutschen Museums. Es zeigt auf vielfältige Weise, wie Technik und Naturgesetze funktionieren. Man darf nicht nur schauen, sondern auch erleben. Viele Exponate laden zum Anfassen, Mitmachen und Experimentieren ein. Angesichts der 20 Dauerausstellungen mit etwa 8000 Exponaten auf einer Fläche von 20 000 Quadratmetern auf vier Ebenen sollte man sich auf eine Auswahl und bestimmte Highlights konzentrieren. Die Abteilungen reichen von der Luftfahrt bis zur Chemie, von Atomphysik bis zu Musik, von Elektronik bis Gesundheit. Zu den Höhepunkten gehören zum Beispiel der erste Dieselmotor, das Mikroskopische Theater, ein Flugsimulator und der große Airbus-Rumpf-Querschnitt, ein Chemielabor für Experimente, ein »Schrotttornado« und der »Kernspaltungstisch«.

Die Geschichte des Museums reicht zurück bis ins Jahr 1903, als der Bauingenieur Oskar von Miller mit Organisationstalent sowie Verbündeten aus Politik, Wissenschaft und Industrie den »Verein des Museums von Meisterwer-

Museumsinsel
Im Mittelalter befand sich hier eine Kiesbank in der Isar, wo Holz und Kohle von Flößen abgeladen und gelagert wurden: die Kohleninsel. 1772 wurde eine Kaserne errichtet, deren Soldaten die Armen aus den Vorstädten von der Residenzstadt abhalten sollten. 100 Jahre später erreichte die Flößerei mit 12 000 Flößen jährlich ihren Höhepunkt. Als die Insel schließlich in der Stadtplanung Beachtung fand, die Floßlände verlegt und die Soldaten abgezogen waren, entstanden Vergnügungs- und Ausstellungsflächen, sogar ein neoklassizistischer Ausstellungsbau. Seit 1906 ist die Kohleninsel mit dem Deutschen Museum verbunden, das ihr den heutigen Namen gibt.

Bismarck-Denkmal

Deutsches Museum

ken der Naturwissenschaft und Technik« gründete. 1906 gab es die erste Ausstellung im ehemaligen Bayerischen Nationalmuseum in der Maximilianstraße und im gleichen Jahr die Grundsteinlegung für den Museumsneubau auf der damaligen Kohleninsel. 1925 erfolgte die pompöse Eröffnung des imposanten Stahlbetonbaus von Architekt Gabriel von Seidl. Nach einer bewegten Geschichte begann 90 Jahre später eine grundlegende Sanierung und Modernisierung des international berühmten Deutschen Museums. 2022 war der erste Teil fertig. Die zweite Hälfte folgt bis 2028. Zum 125. Jubiläum der Museumsgründung soll das traditionsreiche Haus in neuem, zukunftsweisendem Gewand übergeben werden.

60 | Isartor

Valentin-Karlstadt-Musäum Do–Di 11–18 Uhr, So ab 10 Uhr

Am Rand des Isartorplatzes steht eines der ältesten Bauwerke Münchens: das Isartor. Es ist das östliche Stadttor der historischen Altstadt und als einziges in fast ursprünglicher Gestalt bis heute erhalten. Der ca. 40 Meter hohe Torturm wurde 1337 als abschließender Teil der zweiten Stadtbefestigung errichtet. Später kamen die beiden flankierenden Wehrtürme mit Verbindungsmauer und Hof hinzu. Das Isartor war einst der Hauptzugang von der Salzstraße zur Stadt. Anfang des 19. Jahrhunderts entging es einem Abrissbegehren, wurde 1832 von König Ludwig I. höchstpersönlich gerettet und von Friedrich von Gärtner im neogotischen Stil restauriert. Seitdem trägt es zum Dank ein Fresko mit dem Siegeszug Kaiser Ludwigs nach der Schlacht bei Ampfing 1322.

Im Jahr 1860 erhielt der Hauptturm eine Uhr, die er seit 2005 wieder besitzt. Das Kuriose: In Richtung zur Straße »Tal« ist das Ziffernblatt ein Spiegelbild der üblichen Anzeige, die Zeiger laufen spiegelverkehrt. Dies ist eine Verbeugung vor **Karl Valentin**, einem Meister des Skurrilen, dem man in den Flankentürmen des Isartores näherkommt. Dort sitzt nämlich seit 1959 das schräge Valentin-Karlstadt-Musäum, das dem berühmten Münchner Komikerduo Karl Valentin und Liesl Karlstadt sowie der Volkssängerkultur gewidmet ist. Zu sehen sind persönliche Gegenstände, Fotografien, Requisiten, Briefe, Programme, Ton- und Filmdokumente, daneben der legendäre Winterzahnstocher und die geschmolzene Schneeplastik. Höhepunkt ist ein Besuch im originellen Café »Turmstüberl« unterm Dach des südlichen Torturms.

Karl Valentin
1882–1948, Komiker, Stückeschreiber, Schauspieler, Filmemacher, Volkssänger. Das Universalgenie Karl Valentin repräsentiert bis heute so treffend wie kaum ein anderer Künstler das Herz Münchens. In der urkomischen Soubrette Liesl Karlstadt (1892–1960, eigentlich Elisabeth Wellano) fand er eine ebenbürtige Partnerin. Gemeinsam bildeten sie das berühmteste deutsche Komikerduo des 20. Jahrhunderts, geliebt vom Publikum und hoch gewürdigt von Zeitgenossen wie Bertolt Brecht, Kurt Tucholsky und Lion Feuchtwanger.

München. Stadtspaziergänge
Herausgegeben von Mark Lehmstedt

Text: Christina Meinhardt
Lektorat: Kristina Schulze/Lehmstedt Verlag
Karten: OpenStreetMap-Mitwirkende, geodressing.de
Fotos: Günter Müller, außer: Verlagsarchiv (S. 1–5); Bayerische-Staatsbibliothek (S. 6); Timo Christ/Alamy Stock Photo (S. 7); Zoltan Csipke/Alamy Stock Photo (S. 11); Hajo Dietz/Nürnberg Luftbild (S. 17, 40, 57, 66 o.); Andreas Gregor (S. 19, 20); Wilfried Wirth/Alamy Stock Photo (S. 21); S. 28: mit freundlicher Genehmigung des Staatl. Bauamts München 1; David Iliff/CC BY 2.5 (S. 30); G. Freihalter/CC BY-SA 3.0 (S. 34 o.); Volker Preusser/Alamy Stock Photo (S. 34 u., 89); Efrain Padro/Alamy Stock Photo (S. 35); Frederic Reglain/Alamy Stock Photo (S. 39); Bayerische Schlösserverwaltung: S. 41, www.kreativ-instinkt.de (S. 44), Schambeck/Schmitt (S. 45 o.), Toni Schneiders (S. 45 u.), Philipp Mansmann (S. 46), Rainer Herrmann/Markus Traub (S. 49 u.); MB Photo/Alamy Stock Photo (S. 42); Ruslan Kalnitsky/Alamy Stock Photo (S. 49 o.); Peter Widmann/Alamy Stock Photo (S. 54); Shawn Hempel/Alamy Stock Photo (S. 58, 64); Staatliche Antikensammlungen und Glyptothek (S. 59 o.); Martin Siepmann/Alamy Stock Photo (S. 59 u.); Bayerische Staatsgemäldesammlungen: Severin Schweiger (S. 67), Elisabeth Greil (S. 68), Rainer Viertlböck (S. 71), Cy Twombly Foundation/Haydar Koyupinar/Museum Brandhorst (S. 73); Martin Falbisoner (S. 72); Maurice Savage/Alamy Stock Photo (S. 76); Raimund Kutter/Alamy Stock Photo (S. 77); Manfred Glueck/Alamy Stock Photo (S. 85); Emre Zengin/Alamy Stock Photo (S. 88); Nicolai Kästner/Museum Fünf Kontinente (S. 91)
Gestaltung: Mareike Bardenhagen/Lehmstedt Verlag
Druck: druckhaus köthen GmbH & Co. KG, Köthen (Anhalt)

Umschlag:
1: Neues Rathaus
2: »Walking Man« (Leopoldstraße)
3: Friedensdenkmal
4: Holzbierfass im Hofbräuhaus

© Lehmstedt Verlag, Leipzig
1. Auflage, 2024
ISBN 978-3-95797-166-1